INDEX

作者序

近兩年的社會變化令到香港又掀起了一股新的移民潮。香港中文大學亞太研究所在 2020 年 10 月公布的調查發現，有 43.9% 的受訪者表示打算移民外地，數字連續 4 年上升，當中 15.3% 的受訪者更稱已為移民作好準備。

不少香港人都在糾結著一大堆問題：要不要移民？移民去哪兒適合我？有甚麼途徑移民？移民要花多少錢？移民去到外國如何謀生？新移民如何解決住屋、就業、子女教育、稅務等問題？移民如何不用犧牲事業和生意繼續精彩的人生？本書嘗試為你就這些問題作一一解答。雖然本書寫在香港爆發新移民潮的大環境之下，但對中國內地、澳門、台灣及海外華人讀者具同樣的參考價值。

筆者曾取得 6 個國家和地區的居留權，並在不少國家留學、工作與生活過，絕非紙上談兵。我會在不同章節中分享我在這些地方居住及事業發展的心得，力求以全面的角度提供專業意見令你成為移民路上的贏家。本書盡量做到最有時效性與可讀性。因為移民政策會不時修改，各國最新的移民簽證及申請方法在大部分官方移民局網站都可找到，如果只是翻譯一下再搬字過紙集成一大全，這本移民書可以說毫無價值，或者到發行的時候有的政策已經過時。

本書所提供的，是過來人的一手經驗，並提供低成本、高效率的移民獨門秘笈。移民，是一個影響一生及下一代的決定，並非居住地改變了那麼簡單，還牽涉到一大堆移民後續，是展開另一個人生的大決定。一本好的移民書，隨時令你受用終生。買一本書的小投資，隨時幫你省下幾十萬以至過百萬的冤枉錢甚至幫你創造新財富。希望這本書，能成為你人生中最重要和回報率最高的投資。

無論本地社會環境發生甚麼變化，有一段外國移民生活的經歷和有一本外國護照的雙重保險是你給自己和家人最重要的人生禮物。停一停，想一想，人生在世一生何求？是窮幾十年之精力拚命工作為的只是供得起全球最貴的納米樓？是將自己一輩子的生活圈局限在一小時的圍城之內？是每日營營役役、重重複複只為追蹤一些生活最基本需要？還是要一追再追重新認知你人生的真正目標，以有限的生命去感受世界無限的精彩，以探索性的處世態度去成為世界公民的一份子？外國月亮不特別圓，移民生活也有苦有甜，但人生的體驗是無法以金錢得失去衡量的，也是由出生到終老都在同一地方生活的人無法感受到的。

當你登上夜機，藏身於無人機艙，望著離離細雨、茫茫星光，細味本書，可有百般滋味在心頭。

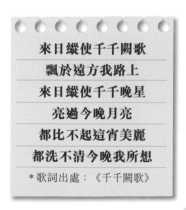

來日縱使千千闋歌

飄於遠方我路上

來日縱使千千晚星

亮過今晚月亮

都比不起這宵美麗

都洗不清今晚我所想

*歌詞出處：《千千闋歌》

打算移民的朋友，均是一生經過傍徨的掙扎，唯自信可改變未來，仍然自由自我，永遠高唱我歌走遍千里。移民路上同路人，你我共勉。

第一章
移還是不移？

香港又再一次出現移民潮，但這次的成因與 80 和 90 年代的移民潮稍有不同。前幾次是港人擔心前景的不確定性而想拿多一個身份保障，這次則是基本大局已定。香港以後如何演變交由大家自己判斷，但要走要留，都是對未來時局的研判及對自己生活方式的一個決擇。

以前可能要為子女讀書考慮，現在要為自己前途考慮。以前可能去坐幾年移民監再回流，現在有些人可能一去不回頭。以前移民可能是有錢人的玩意，現在連牛頭角順嫂也有條件移民。移與不移，每個人每個家庭的情況都不一樣，各人均應做通盤分析及做足功課，切忌人雲亦雲道聽途說。

本章貨幣簡稱： 英鎊 £ 港幣 HK$

一. 移民外國做二等公民？

這已是一個過時的講法。上一代的移民以勞工居多，只能從事低下階層之工作。而且以前在外國的歧視問題比現在嚴重得多。現在只要你有才能，在外國一樣可以大展拳腳，一樣能有發展機會。

海外移民成功的例子比比皆是，例如強可匹敵英特爾（Intel）的美國晶片公司輝達（Nvidia）創辦人兼現任總裁黃仁勳就是第一代美籍台灣移民；生於香港的伍冰枝曾任加拿大第六十九任總督，也是首位在加拿大以外出生的總督，首位華裔及無軍、政背景的總督。全球 500 強企業 3成掌門人來自印度，大部分還是新移民。

筆者先後在多個國家和地方生活過，也到過很多國家公幹和管理過跨國團隊，我在外國生活和跟眾多不同國籍的人相處，從來沒有二等公民的感覺。二等公民這個講法，今時今日已經有點政治化了。

二. 移民外國坐食山崩?

很多人擔心移民外國找不到工作,只能吃老本。其實在疫情之下,香港的失業率已與英美澳洲等地看齊。外國工作不好找,香港也不見得容易。

如果在香港已經有一份穩定和收入高的工作又如何呢?在外國要找回一份與香港相類似工種、相近職位和工資的工作確實不易,但是如果肯放下身段工作的機會還是有的。一般西方國家貧富懸殊差距不及香港大,基本工資都能維持一家生活,但開支就可能比香港少很多(除非你是住香港的公屋)。

如果說移民的成本很大,留在香港的成本又大不大呢?經濟學人智庫(The Economist Intelligence Unit)公布 2020 年《全球生活成本調查報告》的結果,香港繼續成為生活成本最高城市,與新加坡、日本大阪並列首位。

香港生活成本全球最貴,相信一點也不意外。如果有物業的人士將香港的不動產賣掉,拿著一筆錢去到外國就會生活得很輕鬆,最起碼住屋的開支減省了一大截,而整體的居住環境又大大改善。當然也不能靠吃老本,決定移民前應認真算一算,做足功課。

三.為了小朋友移民？

有很多人有這個觀念——移民只是為了下一代，感覺自己作了很大犧牲。

子女在外國念書固然可以更開心，但在海外生活可以更好地取得工作與生活的平衡，可以多一點時間與家人在一起，可以更親近大自然，可以擁有更健康的生活，這又何嘗不是賺回來了呢？

還有一個重要的部分很多人都忽略了，就是如果你送小朋友去留學，無論是入讀私立中小學抑或大學，你都需要支付一大筆學費，而且比當地學生要貴很多。但是如果你拿到永久居民的身份，你就每年節省了一筆可觀的學費開支，甚至足夠抵銷你的生活費用。

以英國為例，入讀英國牛津大學的國際學生，每年學費由 £26,770 至 £37,510 不等（2021 學年）以及支付更昂貴的醫藥費，但英國本地生學費每年只是 £9,250；如果以本地生資格入學，單單是 3 年的學費就節省港幣約 75 萬（與中位數的外國生學費比較）。不少歐盟國家例如法國、德國、西班牙、意大利等公立大學的本地生更是差不多免學費，比在香港本地升學費用更低。

英國牛津大學國際學生學費每年：£26,770 至 £37,510
英國牛津大學本地生學費每年　：£9,250

四．要坐移民監？

如果以坐監獄的心態去移民還不如不去，若只想取得身份後就回流，通常都會兩頭不到岸。以為兩邊的好處都賺盡，但失去的可能更多。因為有不少稅務問題、家庭問題、小朋友成長問題、太空人的心理和生活問題，必須要有周全計劃才好作出決定。

若不是真正喜歡那個地方，只想取得一本護照，那與移民完全是兩回事，那你一定要考慮清楚拿到護照之後又如何。移民切忌帶着香港的習慣和期望去生活，若凡事與香港比較，你一定會失望。

移民的最佳心態是盡量融入當地社會，欣賞當地的環境和文化。當你愛上了那個地方，適應了那個地方，就絕對不會有被迫坐移民監的想法。

五. 看定一點再算?

筆者也接觸過不少人有以下常見的心態:想在香港賺多幾年錢再走,或是心大心細在「走與不走」之間猶豫,或是有父母要照顧親戚朋友都在香港,心不想走但又想買個保險——要走可隨時走,或是先拿了個居留權,再慢慢決定要不要走和何時要走。這些想法其實也很正常,畢竟是人生的一大決定,而每個決擇必定都有正、反兩面。以下整理幾個重點作參考:

1. 觸發這次移民潮的大環境轉變及你對日後生活影響的判斷
2. 未來人生及家庭規劃及不同方案對這個規劃的影響
3. 移民的最佳時機及各國移民政策的改變
4. 移與不移的利弊及機會成本

我有個朋友早年取得了澳洲的永居身份後,繼續留在香港想多賺幾年錢再算,一過就是 5 年,結果因未能滿足在澳洲居住年期而喪失了永居資格。香港經濟轉差失業率高漲,他也加入了失業大軍,對比澳洲,香港的生活成本也更高,現在他想重新再申請去澳洲,卻發覺不少澳洲簽證都有年齡限制,自己亦已經超齡;在移民政策不斷修改之下,自己也已不符資格,投資移民門檻又甚高,他只能望門興嘆,最終得不償失。

六. 批了就要馬上去定居嗎？

這就要先從定居的概念講起。很多人可能分不清楚「居留權」、「永久居民」與「入籍」的分別。一般的移民簽證分暫居（Temporary Resident）和永居（Permanent Resident）兩種。

1. 暫居（Temporary Resident）

分別有學生簽證、工作準證（Work Permit）、探親簽證、商業簽證包括部分國家的商業投資及創業簽證，這類簽證都有年期限制，到時要再續或申請永居，否則就要離境。

2. 永居簽證（Permanent Resident）

是直接批出永久居民（PR）的身份，無需要滿足其他條件才可以永久定居。英國、愛爾蘭、新西蘭等國基本上不會直接批出 PR 簽證，而要是合法居民且住滿年期才可申請成為 PR。英國除結婚簽證外均要求住滿 5 年才可做 PR，新西蘭是兩年，愛爾蘭最長要 8 年。美國、加拿大、澳洲、新加坡等會有直接 PR 簽證，所以打算移民的朋友一定要問清楚這是暫居還是永居簽證。

永久居民不永久

大部分國家每 5 年要更新 1 次，看你是否符合居住年期的要求。加拿大和澳洲均要求每 5 年住滿兩年才可保留 PR，英國的條例是連續兩年不在英國居住 PR 的身份會被取消。美國的綠卡（永久居民身份證）有效期是 10 年，但如果離開美國 1 年以上要申請再入境簽證（Re-entry Permit）。新西蘭的 PR 最寬鬆也是真正意義的 PR，獲得 PR 後即使長時間不在新西蘭居住也不會失去永居權。

3. 入籍（Naturalization）

入籍則是申請成為公民（Citizen）取得護照，基本上拿到護照之後就再沒有居住年期的限制，長居哪裡都不會影響你公民的身份。各國的入籍條件都不一樣，但大都必須先有 PR 的身份。加拿大和澳洲均要求申請入籍前 4 年要合法住滿 3 年，美國是要合法住滿 5 年，英國是 PR 後住滿 1 年，新加坡是 PR 後住滿 2 年，愛爾蘭和不少歐盟國家要求是合法住滿 5 年，但不一定是 PR。

明白了以上居住年期的要求，你就可以根據你獲得何種簽證而自訂何時過去定居的計劃。澳洲和加拿大的永居簽證一般要求簽證批出 1 年之內入境 1 次，但不代表你要馬上就此定居。正如上述提到只需 5 年內住夠兩年，便可滿足 5 年後續簽 PR 的條件，所以你拿到 PR 簽證後還可以在港多住幾年才正式搬家。

簽證類別	國家	申請條件	保留條件
暫居	所有國家	基本分為學生簽證、工作準證、探親簽證、短期經商簽證等，各國申請條件都不一樣	有年期限制，屆滿時要再續期或申請永居，否則要離境
永居	英國	不會直接批出永久居民身份，須有居留權的暫居簽證（例如學生簽證沒有居留權）在英國住滿 5 年才可申請 PR	連續離開英國兩年會喪失 PR
	愛爾蘭	不會直接批出 PR 身份，須有居留權的暫居簽證在愛爾蘭住滿 8 年才可申請 PR	
	新西蘭	不會直接批出 PR 身份，須有居留權的暫居簽證在新西蘭住滿兩年才可申請 PR	可長時間離境，不會失去永居權
	美國	有直接批出的 PR 簽證，可獲美國綠卡，有效期為 10 年	離開美國 1 年以上須申請再入境簽證
	加拿大、澳洲	有直接批出 PR 簽證	每 5 年住滿 2 年才可保留 PR
	新加坡	有直接批出 PR 簽證	每 5 年續簽一次，如長時間離開新加坡須申請再入境簽證
入籍	英國	獲 PR 後住滿 1 年	
	愛爾蘭	8 年內累計住滿 4 年，申請前的 12 個月連續居住在愛爾蘭（合計 5 年），或申請前在愛爾蘭連續住滿 5 年，無需先成為 PR	
	美國	有 PR 身份及合法住滿 5 年	
	加拿大、澳洲	有 PR 身份及申請入籍前 4 年合法住滿 3 年	
	新加坡	獲 PR 後住滿 2 年	

第二章
貧賤不能移？

本章貨幣簡稱： 英鎊 | £ | 澳元 | AUD | 港幣 | HK$

一. 移民是有錢人及 專業人士的專利？

今時今日香港人的移民門檻大幅降低了，先有英國的 BNO 港人居英權，再有澳洲放寬香港學生留澳簽證和加拿大的港人救生艇計劃。但移民總要一筆開支，不少國家生活成本高，找工作難，一般人會認為沒有錢還是「寸步難移」。事實又是不是這樣呢？先來看一個 BNO 移民英國小鎮的例子。

這是《香港經濟日報》2020 年 7 月 24 日的一篇題為「一家四口每月生活費 8 千有找」的報道。內容提及港人一家四口在英國東部埃塞克斯郡（Essex）近海邊的一個小鎮定居，當時這家人以約 HK$180 萬購入一個有 3 房及花園的排屋式兩層住宅。沒特別娛樂，子女沒補習，一家人每月生活費約 £782（即約 HK$7,800）。同樣一家四口在香港如住私樓的話，港幣七千多元相信只足夠交一百多呎劏房的租金。

移民贏家指南

如果選擇住在倫敦等大城市開支當然會更高，不過算上住屋成本，英國的平均生活費還是比香港低；當然如果你在香港住公屋，或者自住物業已供滿按揭則另當別論。例如居住在倫敦 Zone 4 地區，約 HK$400 多萬就可買到實用面積 700 呎的房子。如果是租房子，倫敦以外的地區如曼徹斯特市，一間離市中心約 10 分鐘車程的 3 房半獨立屋，月租只需約 £850。

根據 Zoopla 市場數據（2020 年 5 月），倫敦地區平均樓價約為 £47.8 萬，曼徹斯特 £17.4 萬，伯明翰 £16.8 萬。

以下為英國政府公布的英國 6 個月生活費指引以及 BNO Visa 5+1 所需的總開支：

	所需費用	BNO Visa 5+1 合共費用
BNO VISA 申請費用（5 年）	£250	£250
National Health Service（NHS）國民醫療附加費（成人 5 年）	£3,120	£3,744
英國生活 6 個月支出 — 成人	£2,000	£24,000
英國生活 6 個月支出 — 2 位成人 + 1 小孩	£3,100	£37,200
英國生活 6 個月支出 — 2 位成人 + 3 小孩	£4,600	£55,200
英國生活 6 個月支出 — 2 位成人 + 父母 +2 小孩	£9,200	£110,400
申請入藉費用（在英國住滿 5 年後申請入藉）	£2,389	£2,389
BNO VISA 入藉總費用（每位成人計算）		£30,383（約 HK$320,541）

（資料來源：英國政府 BNO 申請網頁）

根據以上指引，即是不計住屋開支，每個成人每月在英國的生活費用大約是 HK$4,500。

二.6 大生活開支預算

再比較一下澳洲的生活開支，以昆士蘭州首府、澳洲第三大城市布里斯本為例，列舉當地基本生活成本（一個成人計）：

1. 住屋租金：每年約 HK$6.4 萬

不同地區略有不同，以每周計算，取個中位數，單人租金 1 年合共約 HK$6.4 萬。

住屋租金	每周開支
市區	約 AUD200-AUD250（即約 HK$1,180-HK$1,475）
市區周邊	約 AUD180-AUD220（即約 HK$1,062-HK$1,298）

2. 水電費：每年約 HK$1 萬

澳洲的水費有網絡基本收費，即使不用水也要收。水費 3 個月約 AUD180 至 AUD200（即約 HK$1,044-HK$1,160）。電費因人而異，一般而言，3 個月約 AUD230（即約 HK$1,334），因此水電費 1 年折合約 HK$1 萬以下。但當然如多人同住，租金與水電可分擔，每人平均支出便會低很多。

水電費	每 3 個月開支
水費	約 AUD180 至 AUD200（即約 HK$1,044-HK$1,160）
電費	約 AUD230（即約 HK$1,334）

3. 電訊開支：每年約 HK$6,200

電訊開支包括手機和家居寬頻，手機上網計劃價格有貴有便宜，豐儉由人。1 年折合約 AUD1,080，即約 HK$6,200 餘元。

電訊費	每月開支
手機上網	約 AUD30（即約 HK$174）
家居寬頻	約 AUD60（即約 HK$348）

4. 飲食開支：每年約 HK$4.2 萬

飲食開支方面，因不同人有不同喜好，這個比較難估計。外出吃飯與在家煮也有很大分別，例如自己煮飯的話，澳洲超市肉類及奶類比香港便宜，但蔬菜則偏貴；外出吃飯的話，澳洲普遍最低消費要 AUD10 以上，早餐 AUD10 至 AUD20、午餐 AUD10 至 AUD25、晚餐普遍需 AUD20 至 AUD30。假如一周外食 3 至 5 次，其餘大多數時間自己煮，平均一天約花 AUD20（即約 HK$116），1 年大約 HK$4.2 萬。

飲食費	每餐開支
早餐	約 AUD10 至 AUD20
午餐	約 AUD10 至 AUD25
晚餐	約 AUD20 至 AUD30

5. 交通開支：約 HK$1.4 萬

視乎個人路程長短，自駕還是坐公交。澳洲墨爾本、布里斯本、阿得萊德等城市都有免費公車環繞路線，在市區可搭免費車。若搭付費公共巴士，布里斯本巴士高峰時刻全票 go card 由 AUD3.37 至 AUD20.34 不等，一般紙票最低 AUD4.9。如以 go card 一天搭來回兩趟巴士，開支最低為 AUD6.74（即約 HK$39），1 年折合約 HK$1.4 萬。

6. 其他開支：約 HK$1 萬

算上其他雜項開支，包括服裝、交際應酬、購物等。按以上 6 大項基本生活開支計，布里斯本一個人生活 1 年支出約 HK$14.6 萬，即每月約 HK$1.2 萬。當地稅前平均年薪為 AUD10.4 萬（數據來自 salaryexplorer. com），扣除收入稅、醫療保險稅等的稅後收入約為 AUD7.5 萬（即約 HK$44 萬），足以應付全家開支。當然布里斯本生活成本稍低，如果是墨爾本開支要加 15-20% 左右，悉尼則在墨爾本的基礎上再加 20%（主要是住屋開支的分別）。

移民是慳錢方法？

如果你在香港是住私樓，租金即使是劏房每月也要港幣 6 千至 7 千，中產居所起碼 3 萬以上。每年開支單身至少 10 數萬，一家幾口就動輒 40、50 萬以上。移民外國即使不能開源，也可節流，特別是那些在港失業但仍要負擔沉重住屋開支的人，移民反而是一個慳錢方法。除非在香港住公屋，或已經供滿按揭住屋開支很低，那就不在此列。

第三章
哪個地方
適合你？

本章貨幣簡稱： | 美元 | USD

一. 移民不是買服務

移民不是購買一項服務，哪裡最便宜就選擇去那裡。移民也不是一道關卡，哪個國家最容易就去那個國家。因為移民影響到你甚至你家人的一生，僅僅因為申請成本、申請難易去決定你移民的目的地有點本末倒置了。

現在香港人已經有很多選擇，低成本、低門檻的可以持 BNO 去英國或大馬的第二家園計劃，台灣的投資或創業移民成本也不高，不少國家也開放給香港人以留學生身份讀完書後幾年時間再申請永居。至於選擇去哪裡？這方面你真是要考慮清楚。

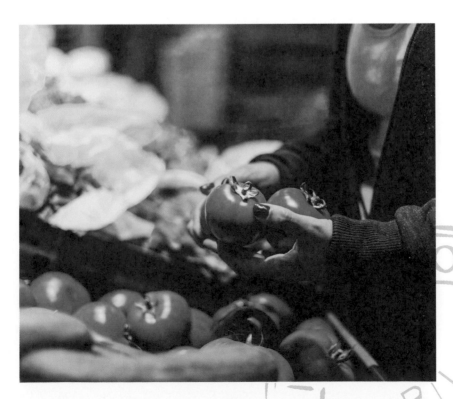

忌：遊客角度觀

很多人去一個地方旅行，發覺當地環境很好、愛上了那地方，就決定打算移民到那兒。但往往移民後才發現與當初旅遊的感覺很不一樣。作為遊客的你，帶著輕鬆與好奇的心情去欣賞一個地方，自然樣樣都好；但當你落地生根，要面對無數生活上的煩瑣事或碰上不少壁時，才會明白遊客不曾經歷過的感受。遊客只是走馬看花見到表面的東西，實際生活的體驗與旅遊是兩碼子的事，因此切忌以遊客的角度去挑選心儀移民地。

忌：成本主導

不少人挑選移民目的地時，將移民成本及當地生活費用作為主要考慮因素。當然這是一個重要指標，但也要配合其他因素一並評估。例如近年馬來西亞也成為港人熱門移民國家，原因是第二家園計劃入場門檻低，當地生活成本也低。但那裡是否你理想的居住地？你移居過去的目的是甚麼？對家庭、事業、子女、財富管理等，又是不是一個最好的選擇？你知道第二家園計劃是不能取得護照的嗎？所有這些問題與細節你都應該了解清楚，切莫因為貪便宜而草率決定。

忌：紙上談兵

有人選擇移民地時，只靠看資料及其他人口中了解，卻從來沒去過那地方。要知道，每個人評價一個地方的好壞，或多或少都帶有一些主觀性；有人未移過民就斷定移民外國會做二等公民，又有人會說某國如何如何好，因為他在當地發達了。這些評價與其喜好、價值觀、遭遇、學識、實力、經歷、眼光以至運氣有關。搜集各種資料做足功課，肯定會幫你做一個更全面的判斷，但也不及親身經歷來得直接。讀萬卷書不如行萬里路，以遊客角度看世界雖然不全面，但總比紙上談兵好。

忌：受廣告誘惑

市面上有很多不同形式的移民廣告，各種五花八門的宣傳手法如「移民政策隨時變要趕快申請」、「當地免坐移民監如何吸引」、「有移民律師可以保證申請成功」等等，大家要懂得過濾免被誤導。

筆者見過一則廣告寫道「投資移民愛爾蘭 1 年只入境 1 次就可保留永居身份」，這是不負責任及嚴重的誤導。投資移民愛爾蘭只是先取得一個名為 Stamp 4 的非永居須續期的居留簽證，要住滿 5 年才可申請入籍而如不入籍獲得無條件居留即永居更要住滿 8 年。一年入境一次保留的絕不是永居身份，不在當地住滿年期也不可能取得護照或 PR。

有些移民中介連「居留權」、「永居身份」和「入籍」的分別也分不清楚，如是刻意誤導更是害人不淺。

90 年代初時，新加坡航空公司有一個推介新加坡的廣告，當時筆者對那首「那裡會是個天堂」的廣告歌印象深刻，也觸發了我去新加坡的留學和移民夢。當然在當地住了一段時間後才發現那裡並不是天堂，這個世界也沒有所謂的烏托邦。

宜：先體驗後移民

如果你曾在當地留學或參加過交換生計劃、工作假期或直接在當地工作過，這是判斷一個地方是否適合自己的最佳指標。擁有當地生活經驗，代表你在當地有一定的適應能力，這也是為甚麼不少國家的「技術移民」申請條件特別重視當地經驗及會獲得更高分。

筆者由求學階段就開始遊歷世界，去過新加坡留學、獲公司派到加拿大和澳洲工作、隻身去愛爾蘭創業，20多年來的職場生涯中也經常往海外公幹，對不同地方的生活和工作模式有較深入的了解，因而也非常清楚自己適合哪些地方。當然並非每個人都有足夠時間和條件先體驗後移民，建議盡量搜集足夠的資料、多聽取不同人的意見，尤其是曾在海外生活過的人的實地經驗。

宜：與自己配對

前文提過移民不要因為哪裡容易申請就選擇去那裡，除非你真正喜歡那個地方。舉例說，假如你本來是比較喜歡加拿大，卻因為自己有 BNO 護照而認為申請移民英國既容易又便宜。這麼草率的決定可能讓你後悔一生。

移民的決定影響人生及家庭，絕非單純購買一項服務，首先應該問問自己喜歡哪裡才考慮其他因素。例如英國的天氣陰沉多雨，冬天下午 4 點就天黑，你就要看看自己是否能接受這種天氣。又例如你本身是很怕冷的人，如果選擇加拿大你也要看看自己是否可抵得住嚴寒。又或者你是一個對事業展望很大的人，你應衡量一下哪個地方能繼續滿足你的發展大計。總之，每個人的要求和狀況均有不同，這個世界沒有所謂的理想國度，只有是否適合你自己的地方。

宜：融入社會

筆者認識過很多已移民美加幾十年的華人，或是在當地的留學生，在外國生活或留學了一段長時間，英文卻還是説得很差。因為他們平日活動圈來來去去就是在唐人街，結識的朋友也是同聲同氣的同胞，看的是中文報紙、中文電視，上的是華人超市，基本上不怎麼需要講英文，幾乎與當地主流社會脱節，要是他們有二等公民的感覺一點也不意外。

其實是否能在一個陌生地方一帆風順落地生根，除了靠運氣，還是要看你如何適應和融入當地社群。若不參與主流社會的活動，你就永遠難以成為社會的一份子。

筆者建議較年輕的新移民不必急著找工作，如果條件允許不妨先在當地修讀一、兩年課程，在留學期間可以多結識當地朋友，先操練好英文；獲得一個本地文憑後再重返職場也未遲，對日後發展也更有幫助。

作為新移民想要融入當地社會，其實方法有很多。例如平日可以透過做義工、參與社區或教會活動、加入專業團體等等，以不同途徑拓寬社交圈子，多與當地人交流突破語言障礙。總而言之，盡量融入當地社會和文化，才是正路的移民生存之道。

二．我的故事分享

講過一堆大道理之後，也許你還是會問：究竟哪個地方才適合我？讓我先來分享一下我的故事。

新加坡開啟我的移民夢

我在廣州出生，90 年代有幸考入了亞洲第一學府新加坡國立大學（National University of Singapore (NUS)），開始了我的海外旅程。前文提及新航的「那裡會是個天堂」的宣傳廣告歌，觸發了我的移民夢；作為亞洲四小龍之一的新加坡，其發展奇蹟深深吸引著我。

新加坡這個以華人為主的社會，使用英文為主要語言，集中西所長；更重要的是我出生於草根家庭，當時家裡可以拿出的加上自己的微少積蓄還不夠港幣 3 萬元，以這個數目的錢想去歐美留學，可以說是只能望門興嘆。反而新加坡算是一個親民的平價之選。

雖然去新加坡讀大學（當時新加坡只有兩間大學且均是國立學校）海外生學費比本地生貴一倍，但海外生也可申請 3/4 學費的免息貸款，加上再申請一些助學金、讀書期間在學校每周不多於 20 小時的兼職工作、校外教補習、做暑期工等；結果我就是帶著這 3 萬港元，靠著資助與自己賺錢，完成了我 3 年的大學課程及支付自己的生活費，期間再沒有向家裡要過一個仙。

新加坡的優才移民政策，是鼓勵在本地大學畢業的外國學生留在新加坡發展，因此當時一畢業後我不費吹灰之力就取得了新加坡的永居（PR）。我也對 NUS 深存感恩，是她改變了我一生的命運。回想當時選擇新加坡是絕對正確的，因為拿著 3 萬港元能去的地方也不多。不過在新加坡住了一段時間後發現，那裡不是天堂。新加坡雖然有民主選舉，但威權統治之下很多地方都與中國很相似。

北美和澳洲工作令我眼界大開

後來我在新加坡加入了當時加拿大最大的公司北方電訊（後改名為北電網絡），被派往加拿大總部工作。在加拿大的生活有意想不到的快樂，雖然冬天很冷，但室內都有暖氣其實也沒想像中可怕，夏天尤其舒服；加拿大地大物博，很多戶外活動例如打高爾夫、騎馬、露營、滑雪等等更是非常平民化，生活一點也不枯燥；多倫多溫哥華更有眾多港式美食，彷彿置身小香港。日子久了，我也漸漸愛上了加拿大，後來便循技術移民的途徑，取得了加拿大的永居身份。

再之後公司派我到香港，然後在香港一住就是 20 年。早幾年我獲聘一間歐洲上市公司做澳洲、新西蘭及東南亞地區的營運總經理，常常來往澳洲及香港兩地，並管理澳洲和新西蘭的幾間工廠。在澳洲要落實營運業務重組，也涉及到在當地的裁員計劃，要與工會周旋，作為一個從未有澳洲工作經驗的管理人帶領上百而且大部分是澳洲人的團隊，要在短時間內將澳洲業務扭虧為盈，這些都是前所未有的挑戰。這個難得的機會也加深了我對澳洲的認識，近年我亦以澳洲的全球人才計劃取得永居身份。

移民贏家指南

踏上愛爾蘭的歐洲路

兩年多前我決定自己創業，也獲得了愛爾蘭的一個創業加速器錄取和投資，因而也有機會去了愛爾蘭開設公司並順帶開始了我們的移民生意。當時只花了數月時間，我便取得了愛爾蘭的身份證。英國脫歐之後愛爾蘭的護照可說是全球最值錢，因為愛爾蘭與英國的特殊關係(就如澳洲與新西蘭一樣)愛爾蘭是唯一歐盟國家仍然享有脫歐前的待遇。兩國公民仍可到對方國家自由定居、工作和讀書。因此拿著愛爾蘭護照不但可享受本國的福利，更可在歐盟 27 國加上英國定居並享受國民待遇，這個護照的含金量是其他任何國家無法比擬的。

這也是我當初選上愛爾蘭並打算住上 5 年入籍的原因。但是住下來以後卻發覺一切並不如想像中美好。首先天氣與英國相似經常下雨非常不便；其次在愛爾蘭辦事並不容易，本來簡單的事情都要折騰好一段時間；與其他歐洲國家一樣，愛爾蘭基本生活成本高稅收也高。所以世界很公平，針沒兩頭利，地球上沒一個地方是完美的，移民也須做一個取捨。

在過去 20 多年間除了在不同國家生活過，我也去過無數的城市公幹，獲得最直接的體驗。最後的結論也與一些國際機構的宜居度排名一致，最宜居的國家還是加拿大和澳洲。

我之所以分享自己的經歷，是想帶出幾個重點：

1. **一個地方好與不好或是否適合你，要自己真的住過才有答案；**
2. **適不適合自己是很個人化的判斷，每個人的結論都可以很不一樣。因此在聽取別人意見的同時，也要配合自己的分析，切忌照單全收；**
3. **如有可能給自己多一點選擇，必要時還有 Plan B 作後備方案；**

4. 自己的感覺很重要，勿讓外部的因素（如護照含金量、申請難易度及移民費用）左右你的決定；
5. 世界很大，最好先體驗不同的地方做一個世界公民；
6. 保持國際視野，好好裝備自己，學習一些跨國技能，讓自己去到任何地方都能生存。

三. 各地收入與物價

德意志銀行（Deutsche Bank）於 2019 年發布了一份《2019 全球物價報告》（Mapping the World's Prices 2019），為全球 56 個城市的人均收入及物價進行排名，這同時也是一個各地生活的綜合指標。

1. 生活質量

在生活質量排名中，瑞士蘇黎世綜合了購買力、安全、健康醫療、生活成本、房價收入比、通勤時間、污染、氣候等因素，位居榜首。緊跟其後的城市，分別是新西蘭威靈頓、丹麥哥本哈根、英國愛丁堡、奧地利維也納、芬蘭赫爾辛基、澳洲墨爾本、美國波士頓、三藩市、澳洲悉尼。亞洲城市中日本東京排名第十四位，新加坡第二十三位，香港第四十四位。

2. 稅後月薪

三藩市高居榜首，2019 年的平均月薪為 USD6,526；蘇黎世位居第 2，平均月薪 USD5,896；其後依次排名的紐約、波士頓、芝加哥、悉尼、奧斯陸、哥本哈根、墨爾本的月薪也均超過 USD3,000。亞洲城市中新加坡排第 11，月薪為 USD2,900；東京的月薪為 USD2,860；香港的月薪為 USD2,399，只排第二十七位。

排名	城市	平均月薪
1	三藩市	USD6,526
2	蘇黎世	USD5,896
3-5	紐約、波士頓、芝加哥	USD4,062 至 USD4,612
6-9	悉尼、奧斯陸、哥本哈根、墨爾本	USD3,181 至 USD3,599
10	倫敦	USD2,956
11	新加坡	USD2,900
12	新西蘭威靈頓	USD2,865
13	東京	USD2,860
27	香港	USD2,399

3. 房租

香港房租冠絕全球可謂實至名歸，以兩房租金為參考，香港 2019 年房屋月租為 USD3,685，超過平均月薪水平。隨後是三藩市、紐約、蘇黎世、巴黎、倫敦、波士頓。東京、新加坡和上海的房租分別是 USD1,903、USD1,893 和 USD1,432。

4. 可支配收入

是付完房租後剩下的可支配收入，這裡的房租還是以兩人合租為參考。三藩市人可支配 USD4,710，排名第一。眾多亞洲城市中，新加坡人可支配收入為 USD1,953，東京為 USD1,908，香港只有 USD557。

5. 周末度假

去米蘭度假花費最貴，要 USD2,706，另外哥本哈根、蘇黎世、馬德里、維也納等地也不便宜，差不多花 USD2,000。

6. 公交車費

倫敦交通費最貴，月花 USD179.4；東京排第四名，每月要花 USD123.1；香港和新加坡每月都要 USD67 左右。

四．各地綜合分析

如果個人的感覺太主觀，不妨參考一下不少針對各地宜居度及相關的排名。

經濟學人智庫（The Economist Intelligence Unit）的全球最宜居城市排名，是目前世界公認最具公信力的居住指標。該排名搜集全球 140 個國家數據，涵蓋 5 大項目：穩定度（25%）、文化與環境（25%）、醫療保健（20%）、基礎建設（20%）、教育（10%），每個項目分數由 1 至 100 分之間，再加權總分排名。

1. 全球最宜居城市排名

經濟學人智庫（The Economist Intelligence Unit）的 2019 年全球最宜居城市排名為：

2019 全球 10 大宜居城市

排名	國家	城市	總分	穩定度	醫療保健	文化環境	教育	基礎建設
1	奧地利	維也納	99.1	100	100	96.3	100	100
2	澳洲	墨爾本	98.4	95	100	98.6	100	100
3		悉尼	98.1	95	100	97.2	100	100
4	日本	大阪	97.7	100	100	93.5	100	96.4
5	加拿大	卡加利（卡爾加里）	97.5	100	100	90	100	100
6		溫哥華	97.3	95	100	100	100	92.9
7		多倫多	97.2	100	100	97.2	100	89.3
8	日本	東京	97.2	100	100	94.4	100	92.9
9	丹麥	哥本哈根	96.8	95	95.8	95.4	100	100
10	澳洲	阿德萊德	96.6	95	100	94.2	100	96.4

2. 全球最佳 20 大國家

美國 USNews 有一個根據不同指標綜合評分的最佳國家排名，該項調查基於 36 個國家及 2 萬多名受訪者為基準，整理出全球 73 個國家在內的排行榜。以下為 2020 年最佳 20 大國家排名：

排名	國家	創業機會／企業精神	冒險	公民權利	文化影響力	文化遺產	未來增長力	貿易開放度	政治／經濟實力	生活質量
1	瑞士	5	14	7	10	31	19	2	13	7
2	加拿大	6	16	2	11	40	37	3	12	1
3	日本	2	34	17	6	10	5	25	7	14
4	德國	1	50	10	15	19	41	17	4	10
5	澳洲	9	10	8	8	27	16	14	15	5
6	英國	4	36	11	5	12	49	27	5	12
7	美國	3	33	15	4	18	26	45	1	15
8	瑞典	7	20	1	14	33	47	7	20	3
9	荷蘭	10	13	4	12	24	39	6	21	6
10	挪威	13	23	3	21	48	23	10	23	4
11	新西蘭	18	7	9	17	37	13	13	29	8
12	法國	15	12	13	2	4	44	29	6	16
13	丹麥	14	30	5	19	41	51	4	26	2
14	芬蘭	16	27	6	26	43	32	9	35	9
15	中國	11	54	31	16	11	3	21	3	19
16	新加坡	12	25	21	9	22	7	5	22	20
17	意大利	20	2	18	1	1	21	36	17	21
18	奧地利	17	22	12	25	20	59	15	27	11
19	西班牙	21	3	16	3	2	38	28	19	18
20	韓國	8	55	24	20	30	11	31	9	23

*以上各項數字為 73 個國家在內的排名　　　資料來源：USNews — Best Countries 2020

3. 熱門移民國家與香港宜居度比較

筆者根據各項影響一個地方是否宜居的因素，整理了一個熱門移民國家 / 地區與香港宜居度比較的列表（以英文字母順序排列）：

	香港 HK	澳洲 Australia
氣候	夏天非常濕熱	四季溫度適中， 較干旱
自然 災害	台風	不多， 偶有山火
治安	比較安全	比較安全
教育	學生壓力大， 制度開始內地化， 有世界一流大學	質素平均， 世界領前， 大學以公立為主
福利	公屋、廉價公立醫療、綜援及高齡津貼	周全，公立醫院近免費但等候期長
稅收	簡單低稅	高稅收，多稅種
人均 GDP 排名[1]	18	11
生活質素排名[2]	71	6
生活成本排名[3]	12	8
教育排名[4]	42	3
醫療體係排名[5]	40	9
入籍所需居住 年期	7 年	3 年
可否雙重國籍	可以	可以
適合哪類人 移居？		有小朋友家庭、傾向選擇西方英語國家、怕冷及喜歡陽光與海灘

加拿大 Canada	歐洲 Europe （非英語國家）	愛爾蘭 Ireland
四季分明， 冬天嚴寒	北歐寒冷， 南歐怡人	常下雨
西部處地震帶， 東部有雪暴	南歐處地震帶， 北歐有雪暴	不多
比較安全	一般	比較安全
質素平均，世界領前，大學以公立為主	基礎教育質素世界領前， 大學排名遜於美英	公立大學接近免費
周全，公立醫院近免費但等候期長	周全， 公立大學公營醫療近免費	周全，公立大學公營醫療近免費
高稅收，多稅種	高稅收，多稅種	高稅收，多稅種
19	盧森堡、瑞士、挪威、丹麥、 冰島、荷蘭、瑞典排名前 10	2
20	瑞士、丹麥、荷蘭、芬蘭、奧地利、冰島、德國、挪威排名前 10	26
24	瑞士、挪威、冰島、丹麥 排名前 10	9
9	荷蘭、瑞典、法國、丹麥、 德國、瑞士排名前 10	23
25	法國、丹麥、西班牙、 奧地利排名前 10	80
3 年	5 年	5 年
可以	可以	可以
有小朋友家庭、傾向選擇西方英語國家、有意在北美發展	不介意非英語環境，喜愛歐洲文化，嚮往歐洲特有福利（例如大學免費）也不介意高稅率	欣賞愛爾蘭集英國與歐洲之好處及其護照之特有價值

	日本 Japan	新西蘭 NZ	新加坡 Singapore
氣候	冬天較冷	四季溫度適中， 冬天較冷	熱帶氣候
自然災害	地震、火山	火山、地震	無
治安	非常安全	比較安全	非常安全
教育	基礎教育優質， 學生壓力大	質素平均， 世界領前， 大學以公立為主	基礎教育優質， 學生壓力大， 有世界一流大學
福利	周全	周全， 公立醫院近免費	8成人住政府組屋，其他福利不多
稅收	中至高稅賦	高稅收，多稅種	簡單低稅
人均GDP排名[1]	25	24	7
生活質素排名[2]	17	9	34
生活成本排名[3]	5	14	7
教育排名[4]	11	22	15
醫療體係排名[5]	4	19	27
入籍所需居住年期	5年	5年	成為PR後2年
可否雙重國籍	不可以，但有關法律正被挑戰	可以	不可以
適合哪類人移居？	喜愛日本文化，想學日文	有小朋友家庭、傾向選擇西方英語國家	偏好華人社會、低稅及較靠近香港

資料來源：

1 Statisticstimes: GDP （Nominal） per capita Ranking, https://statisticstimes.com/economy/projected-world-gdp-capita-ranking.php

2 Numbeo: Quality of Life Index by Country 2021

台灣 Taiwan	英國 UK	美國 US
比較宜居	常下雨	北方寒冷，南方及加州怡人
地震、台風	不多	西部處地震帶，東部有台風
比較安全	一般	一般
基礎教育優質，大學世界排名不高	世界一流，寄宿學校和大學尤佳	世界領前，最多世界一流大學
醫療保健世界一流	周全，有公營醫療近免費但等候期長	一般，醫療費用昂貴
中等稅賦	高稅收，多稅種	高稅收，多稅種
34	23	5
35	21	15
26	22	21
14	1	2
1	15	30
5 年（如伴侶為公民 3 年）	5+1 年（BNO）	5 年（如伴侶為公民 3 年）
可以但有限制	可以	可以
偏好華人社會、較低生活成本、較靠近香港、資金不多	有小朋友家庭、持BNO、接受英國下雨天氣	有事業或生意目標、有公司或親屬擔保、想入讀美國大學

3 Numbeo: Cost of Living Index by Country 2021

4 CEOWorld: Ranked: World's Best Countries For Education System, 2020

5 Numbeo: Health Care Index by Country 2021

4. 華人移民的熱門目的地

關於華人移民的熱門目的地，筆者認為可以分為三大類：

	英語系國家	非英語系國家
第一類	美國、加拿大、英國、愛爾蘭、澳洲和新西蘭	-
第二類	-	歐洲大陸
第三類	-	日本、新加坡、台灣、馬來西亞、泰國

比較適合大多數香港人移民的國家，筆者個人認為是第一類和部分第二、三類。華人去到非英語系歐洲國家和日本以及大部分東南亞等國，都會遇到最大的語言障礙問題，除非你對那個國家的語言文化很有興趣，否則過去定居要重頭開始學習語言是一大痛苦。

考慮時亦應選擇生活質素比香港好或接近的地方，或更自由的地方，否則又何必要移民呢？而馬來西亞等東南亞國家與香港比較，其優勝處在於生活成本低廉，至於生活質素以及自由度均不見得比香港好。所以本書集中介紹第一類西方國家，及無語言障礙而生活質素與香港有可比性的新加坡和台灣。

本書對幾個集中介紹的熱門移民國家／地區與香港作宜居度評分比較，各項指標以 10 分為滿分再透過加權得出宜居度總分。各項分數如下：

本書國家評分

	權重%	澳洲	加拿大	美國	新加坡	英國	愛爾蘭	台灣	香港
氣候/自然災害	7%	10	3	7	4	2	2	3	5
生活成本	11%	5	6	3	1	3	3	8	1
飲食選擇	9%	7	8	7	8	6	5	9	10
就業機會	12%	6	7	9	9	7	8	7	8
福利	5%	10	10	5	5	9	9	5	5
營商環境	5%	7	8	9	8	8	7	6	7
教育	11%	9	9	10	7	10	9	4	6
醫療	9%	9	8	4	8	8	8	10	9
居住環境	6%	10	10	8	7	7	4	4	1
稅務負擔	6%	3	3	3	8	3	3	6	9
民主自由度	7%	10	10	9	3	10	10	9	3
治安	6%	9	9	5	10	5	8	7	9
社會穩定性	6%	9	8	6	9	6	8	2	6
整體宜居度	100%	7.8	7.5	6.6	6.6	6.5	6.5	6.4	6.1

第四章
澳洲

澳元　AUD

Wealthskey 提供澳洲 GTI 和 188 的移民顧問服務
請 Email: admin@wealthskey.com
由本書作者親自跟進

本章貨幣簡稱：澳元 AUD

一. 澳洲適合你嗎？

筆者有幸幾年前被派到澳洲，負責澳洲和新西蘭的工廠和運營業務，獲得在當地生活和工作的第一手經驗。

澳洲和加拿大一樣，都是筆者最喜愛的移民國家，宜居度為世界前列。經濟學人智庫（The Economist Intelligence Unit）每年公布的全球 10 大宜居城市排行榜，澳洲也和加拿大一樣基本上有 3 個城市穩佔頭 10 位，包括墨爾本、悉尼、阿德萊德或柏斯（視乎不同年份排名有所不同）。當中墨爾本曾經連續 7 年排名全球 10 大最宜居城市。基本上澳洲各方面的條件優越，受歡迎也理所當然。然而筆者在澳洲居住了近 1 年的時間，也發現不少問題，是作為遊客時無法感受到的。

澳洲人口約為 2,500 萬，大部分集中在幾個大城市。其中悉尼人口 530 萬、墨爾本 500 萬、布里斯本 240 萬。但墨爾本近年人口增長比悉尼要快，有研究指墨爾本人口有可能會在 7 年後超越悉尼，成為澳洲第一大城市。不少打算移民澳洲的朋友也像去加拿大一樣有這個疑問，去悉尼還是墨爾本好？

1. 悉尼還是墨爾本？

悉尼和墨爾本向來都在互相競爭，兩個城市加起來的人口就佔了全國的超過 5 分之 2。悉尼是澳洲經濟、金融和科技中心，墨爾本則更歐洲化，更有文化氣息。

（1）生活成本比較

悉尼比墨爾本生活成本要高，特別是樓價，這也是為甚麼愈來愈多新移民湧到墨爾本的原因。悉尼的平均房價是 AUD120 萬，墨爾本是 93 萬，比悉尼便宜大概兩成多（資料來源：9news.com.au）。租金方面，悉尼比墨爾本高近 4 成，就算不計租金整體消費也比墨爾本高約 7%（資料來源：Numbeo）。

（2）工作機會比較

工作機會兩地相差不大，平均工資悉尼比墨爾本高近兩成，但如果是做跨國大公司或全國性的大企業則工資分別不大。

（3）天氣比較

墨爾本的天氣變化很大，特別是夏秋季一天可經歷四季，因為在南部冬天較冷。悉尼的天氣則更接近香港只是沒有香港潮濕。悉尼下雨比墨爾本多但陽光也比墨爾本多。悉尼由市中心出發半小時內可去到幾個海灘，墨爾本的海灘則相對較少。

（4）交通比較

悉尼市區塞車比較嚴重，去市區搭火車或巴士比駕車方便。墨爾本則還是以私家車為主，當然市區公共交通也很發達。

不想捱悉尼和墨爾本的高房價，澳洲其他城市包括布里斯本、阿德萊德、柏斯、首都堪培拉等都是不錯的選擇，當然工作機會也相對差一些。

	悉尼	墨爾本
工作機會	更多金融、IT 相關工作	更多文化、製造業工作
氣候	較溫暖	一天四季
生活成本指數 [1]	76.47	64.04
平均房價 [2]	AUD120 萬	AUD93 萬
往返香港飛行時間	9 小時	9 小時
人口	530 萬	500 萬
香港人聚居主要區域	Chatswood, Epping, Hurstville	Doncaster, Glen Waverley, Doncaster East, Box Hill

資料來源：

1 Numbeo Cost of Living plus Rent by City 2021, 以紐約市為 100 基數，香港指數為 77.22

2 Numbeo

47

2. 生活在澳洲

（1）氣候

氣候是一個很多移民的朋友容易忽略的因素。有研究顯示北歐地區的人患抑鬱症較多，原因是當地冬天漫長且日照時間短，長期面對昏暗與灰濛的日子，很影響心情。澳洲的氣候是一大優點，不冷不熱，四季分明，也沒有香港的悶熱潮濕。這裡比較乾燥，下雨量相對少，夏天尤為舒服。悉尼和墨爾本偶爾有落冰雹的現象，墨爾本日夜溫差較大，也常有怪風，布里斯本則最適合怕冷及喜歡陽光的朋友居住。

（2）生活成本

澳洲總體的生活成本比香港便宜，主要反映在樓價上。悉尼和墨爾本僅次於香港與溫哥華，排全球第三、第四最難負擔樓價的城市（資料來源：Demographia）。在澳洲租屋租金是按周計算，私樓租金比香港低 15% 到一半以上。其他開支與香港比較有高有低，肉價、牛奶比香港便宜，特別是牛奶價格與香港的瓶裝水相若；蔬菜比香港貴且種類少。外出用餐價格尚算平均，不會超貴也不會超平。因澳洲處乾旱地帶，水費特別貴，電費、上網費用也比香港高。

澳洲公共交通費普遍比香港貴，因為人口密度與使用率不同這也是很正常。買車和養車成本比香港低，特別是燃油價格比香港便宜一半。但要留意澳洲違例泊車和違例駕駛的罰款相當高，筆者試過一周內連續收過幾張超速、違例泊車的告票，總罰款加起來竟要一千多澳元。在澳洲工作效率最高和最勤力的工種，就是違例泊車抄牌員。

（3）飲食選擇

悉尼和墨爾本有很多華人菜式選擇，愈遠離大城市選擇愈少，而且好吃的港式餐廳沒加拿大多。澳洲也基本沒什麼特色的澳洲菜，但因為是移民大國這裡已可照顧到不同地方的飲食需要。如果自己煮食，澳洲幾大超市基本可滿足日常要求，只是蔬菜種類選擇與香港差距甚遠。

（4）工作機會

新移民來澳洲不容易找工作，即使找到也很難有理想的事業發展和前途。以筆者的愚見，澳洲的地理位置決定了澳洲人事業發展的瓶頸。

如果你在跨國公司工作，那你很難紮根在澳洲（Base in Australia）而擔任亞太或全球性的高級職位。澳洲市場不大，本身又是太平洋上的一個大孤島，離亞洲和美洲都有 8 小時以上的飛行距離，一般跨國公司都不會將區域總部放在澳洲。你在跨國公司的亞太區老板要不就在新加坡，或上海，或香港。即使是澳洲白人，愈來愈多的趨勢是他們的亞太區老闆是中國人、新加坡人或其他的亞洲人。他們或許心底裡有一百個不願意，但這個趨勢已很難改變，因澳洲的地緣和經濟版圖決定了他們事業的命運。

所以紮根在澳洲反而成了在跨國大公司發展的 Glass Ceiling，你不要指望可以步步高升，晉身亞太高層，要當跨國公司高層就必須放棄澳洲的生活搬到上海、新加坡或深圳（即使是香港也愈來愈少亞太高管的工作機會了），除非你服務的是澳洲本土公司。但首先澳洲本土大公司不多，其次本土企業以服務本地市場為主，新移民又有何優勢與本地人競爭？因此在澳洲工作真是要調整心態，要大幹一番事業、要賺大錢的話你可能選錯地方了。如果你野心不大，只滿足於做一名小職員或小經理，那澳洲絕對是工作與生活平衡（Work Life Balance）的好地方。

澳洲人與香港人的工作態度有著天淵之別,他們享受生活多於為工作付出,很多員工甚少願意加班,也不管甚麼 Deadline 死線,一到放工時間說走就走,甚麼也不管了。澳洲人做事也很難用專業和盡責去形容,有點不拘小節,經常出錯也跟進得不周到。我試過在墨爾本租車,被租車公司無故透過信用卡收取了好幾筆費用。想向公司查詢,打熱線電話永遠打不通,發電郵又沒人回覆,一直擾攘了數月才有回應,這類常出錯又不跟進的例子屢見不鮮。

當然也不能一竹篙打死一船人,也有認真做事的澳洲人,特別是處理移民簽證的內政部公務員團隊,辦事盡責也有效率。

（5）社會福利

澳洲的福利健全，屬於高福利高稅收的國家。

① 醫療保健福利

澳洲的公民和永久性居民，都可以在全國任何公立醫療機構享受免費的醫療服務。根據美國中央情報局的資料顯示，在世界各國人口預期壽命排名中，澳洲以平均壽命 81.2 歲排在世界各國第五位。

② 育兒津貼

俗稱牛奶金，拿到 PR 就可以申領。補助發放額度和家庭的總收入有關。

③ 托兒補助金

Rent Assistance：只要有小朋友，同時是租房的，就會有租房補貼。發放額度和家庭的總收入有關，也和租金有關。

Child Care Benefit：小朋友讀幼兒園的補助。

④ **政府房**

為了保證低收入者也有屋住，澳洲政府每年都撥款建造大批的政府房。以極低的價格出租。原則上任何人都可以申請，但它的特殊收費方式把有錢人自動排除在外，基本收費原則是按收入的百分比交租。

⑤ **首置物業補助**

各個州政府都推出首次購房補貼。大部分是提供 AUD1.2 萬至 AUD2.5 萬的補貼，或者是減免和優惠購房印花稅。但是，政府補助購房也是針對大部分低房價的房子，通常都在 AUD75 萬以內。

⑥ **政府失業補助金**

凡在工作年齡內、有工作能力、願意工作而找不到工作者可以領取此津貼，新移民要等兩年才有資格申領。

⑦ **養老金**

澳洲的養老金政策，凡 60 歲的女士和 65 歲的男士均可享受養老金。能否領取養老金或領取多少，將根據有關申請人的收入、資產而定，並要滿足居住條件的要求。

澳洲個人收入所得稅稅率視乎收入，一般在 AUD1.8 萬以上的稅率由 19% 至 45%。收入在 AUD18 萬以上的部分徵稅 45%。

（6）營商環境

美國雜誌《福布斯》在 2019 年公布的《最適合經商的國家和地區》排行榜（The Best Countries for Business 2019），澳洲排全球第九。企業稅稅率是 27.5% 至 30%，視乎收入多少。但在澳洲營商管理團隊，就要遇到上述在就業一節提到的員工工作態度的問題，以筆者的經驗這個問題在墨爾本比悉尼嚴重，也就是說墨爾本人比悉尼人更會注重享受生活多於工作。當然這個也是主觀判斷沒有統計數據。但由於前述澳洲地理環境的關係，在澳洲做全球或亞太市場的生意不是一個最佳地點，除非是網上生意。若做的是本土生意，意味著只是一個 2 千 5 百萬人的市場。

澳洲各方面的成本特別是勞工成本很高，初級職位薪金是全球最高的地方之一，加上員工效率的問題，令到在澳洲營商的成本更高。澳洲的基建速度很慢，墨爾本 2020 年才決定興建由市區到機場的鐵路線，預計要 2029 年才通車。澳洲的上網速度也偏慢，5G 覆蓋還不全面。

(7) 教育

澳洲教育水準獲得全球認可，吸引國際眾多留學生來這裡接受教育，教育水平跨入世界一流行列。澳洲的中小學和香港一樣有公立和私立，基本上分三類：

① 第一類公立學校

主要分兩種，第一種是區域性的公立學校，即只要學生住在學校的區內就可以就讀。這種公立學校的水準、口碑不一，口碑較好的公立學校，其區內的樓價就高。第二種就是精英公立學校，學生要靠考試而被取錄的。

② 第二類天主教學校

天主教學校在澳洲教育制度內自成一格，是基於當地歷史因素。

③ 第三類獨立學校

是名校或「學店」的就基本上與香港的國際學校不相伯仲、甚至更貴。

黃金升學跳板

澳洲高考不分文理科，不統一科目，學生自選 5 至 6 個擅長的學科參加考試。澳洲的高考制度與英國、新加坡、加拿大有互通之處，如果你的孩子將來不想留在澳洲，也能銜接其他海外大學。

澳洲的大學以公立為主，整體水平與加拿大相約。根據英國泰晤士高等教育世界大學 2021 年排名澳洲頭 5 位的大學依次是墨爾本大學、悉尼大學、澳洲國立大學、昆士蘭大學和莫納什大學。

（8）政治與社會環境

澳洲自由開放，雖然常換總理，但不影響政治穩定和經濟發展。社會治安相對安全，槍擊事件不常發生。

小結

綜合評價，澳洲的優點是宜居度高，環境優美，氣候怡人，社會穩定，治安良好，優質教育，福利健全，Work Life Balance，比較適合對生活品質要求較高、懂享受生活、喜歡溫暖天氣和陽光與海灘的朋友。澳洲的缺點是工作前景局限，生活成本偏高，基建發展滯後，稅收高且複雜，比較不適合有事業野心、想做大生意和要賺大錢的人。

本書各國／地區宜居度評分 — 澳洲

	權重 %	評分（0-10分，10分為最理想）
氣候／自然災害	7%	10
生活成本	11%	5
飲食選擇	9%	7
就業機會	12%	6
福利	5%	10
營商環境	5%	7
教育	11%	9
醫療	9%	9
居住環境	6%	10
稅務負擔	6%	3
民主自由度	7%	10
治安	6%	9
社會穩定性	6%	9
整體宜居度	100%	7.8

二．怎樣移民澳洲？

澳洲移民申請難度屬於偏難，很多簽證有年齡限制，投資移民的金額也相對要求很高。移民政策也經常改變。澳洲的財年是每年 7 月 1 日到次年 6 月 30 日，所以每到 7 月左右澳洲就會有新政策公布。例如 2020 年 7 月澳洲宣布延長港人簽證期至 5 年及後可申永居，所有現持臨時技術簽證（如 491 臨時技術簽證）或畢業生簽證的居澳港人，簽證期將可延長多 5 年，及後將有途徑申請 PR。

另外港人可申請於特定技術勞動力短缺的地區就業升學，並可加快申請永久居留權。2021 年 7 月開始澳洲也提高了商業與投資移民的申請門檻。2020-21 年澳洲移民配額作了較大的調整，側重於幫助澳洲對抗疫情及經濟復甦而優先考慮 Global Talent Program（GTI）全球人才計劃（加至 15,000 個名額）、Business Innovation and Investment Program（BIIP）商業創新與投資類別（加至 13,500 個名額）和僱主擔保類別（22,000 個名額）。2021-22 年澳洲的移民總吸納名額與上一年度一樣維持在 16 萬人。

下表為澳洲內政部公布的近兩年移民配額與批出數據：

Category	2019-20 Planning Levels	2019-20 Program Outcomes	2020-21 Planning Levels	2020-21 Delivery (at 31 January 2021)
Employer Sponsored *Employer Nomination Scheme Regional Sponsored Migration Scheme (replaced)*	30,000	29,261	22,000	10,927
Skilled I ndependent	18,652	12,986	6,500	2,666
State/Territory & Regional Category[1]	47,968	44,867	22,400	11,544
State/Territory Nominated	24,968	21,495	11,200	4,639
Skilled Regional	23,000	23,372	11,200	6,905
Business I nnovation and Investment Program	6,862	4,420	13,500	4,450
Global Talent Program[2]	5,000	4,109	15,000	5,344
Distinguished Talent	200	200	200	145
Skill Total	**108,682**	**95,843**	**79,600**	**35,086**
Partner	39,799	37,118	72,300	23,292
Parent	7,371	4,399	4,500	3,468
Other Family	562	444	500	233
Family total	**47,732**	**41,961**	**77,300**	**26,993**
Special Eligibility	236	81	100	44
Total Migration Program	**156,650**	**137,885**	**157,000**	**62,123**
Child *(outside the Migration Program ceiling)*	3,350	2,481	3,000	1,663
Total permanent migration places	**160,000**	**140,366**	**160,000**	**63,786**

Migration Program planning levels and program outcomes, 2019-20 to 2020-21
資料來源：澳洲內政部 2021 年公布之數據

以下介紹幾個主要移民簽證類別：

1. GTI 全球人才計劃移民（Global Talent Program）

GTI 全稱 Global Talent（Independent）Visa Program 全球獨立人才簽證 858，這是傑出專才最快方式一步到位直接取得澳洲永久居民身份的移民途徑。

【GTI 簽證申請條件】

- 從事下列行業範疇：
    - 資源（Resources）
    - 農業食品／科技（Agri-food and AgTech）
    - 能源（Energy）
    - 醫療產業（Health Industries）
    - 國防、太空與先進製造業（Defence, Advanced Manufacturing and Space）
    - 循環經濟（Circular Economy）
    - 數碼科技（DigiTech）
    - 基建與旅遊（Infrastructure and Tourism）
    - 金融服務／科技（Financial Services and FinTech）
    - 教育（Education）
- 在行業上有國際認可之成就，在澳洲找到相同的工作無困難，可對澳洲有貢獻
- 年薪至少 AUD153,600，或博士生具特出才能和國際認可的成就可免年薪要求
- 與申請人同一領域並享有成就的澳洲公民、澳洲永久居民、合法紐西蘭公民或澳洲組織作為提名人

GTI 是目前澳洲批出速度最快的簽證，幾個月就可獲得永居身份。

移民贏家指南

2. 技術移民

澳洲技術移民所涵蓋的職業範疇廣泛，包括科技、工程、幼兒教育等，大致分為以下 3 大類：

（1）189（獨立技術移民）

獨立技術移民 189 的申請程序較簡單，獲得澳洲移民局邀請後，可以直接申請簽證；189 簽證可以自由選擇居住地、可以屬於永久居留簽證。

（2）190（州政府擔保技術移民）

州擔保技術移民簽證 190 則需要另外獲得澳洲和別地區政府擔保，才可獲得邀請。190 簽證有較多限制，需要申請人在承諾的該地區逗留至少 2 年。跟上述 189 簽證一樣，190 簽證也可以屬於永久居留簽證。

（3）491（偏遠地區臨時居留簽証）

491 屬臨時居留簽證，須達到指定條件後才有永居簽證。包括廚師、廚工、麵包師、汽車修理技工、會計師和木工等職業都可申請。491 簽證的持有人可以在澳洲偏遠地區居住、工作和讀書最長 5 年。持有這簽證 3 年後，只要符合特定條件，便可以申請涵接的永久居留（偏遠地區）技術簽證（Permanent Residence〔Skilled Regional〕visa，類別 191）。這些條件包括：在澳洲居住了 3 年，並在其間獲得超過政府規定金額的收入。目前這金額是每年 AUD5.39 萬。

【EOI 評分標準】

澳洲技術移民以 EOI（Express of Interest）去作評分計算，須達 60 分合格後方可獲澳洲移民局邀請。在申請技術移民時，申請的職位，必須在澳洲緊缺職業列表（MLTSSL）內。例如最新的清單中，便有逾 200 個職位，當中包括會計師、管理顧問、經濟學家、中學教師及專科醫生等。要注意的是，申請者的年齡、英語能力、學歷與相關的工作經驗，又或配偶是否澳洲公民等，都會成為加分因素。

技術移民基本要求：
- **所選擇職業包含在指定職業清單（MLTSSL／ STSOL）**
- **工作技能獲指定機構認可**
- **SkillSelect 評分需 65 分以上**
- **年齡在 45 歲以下**
- **IELTS（雅思）6 分以上**

由於申請者眾多，技術移民門檻提高了不少。申請移民簽證成功與否，在於評分的高低，大家可以透過澳洲政府提供的簽證評分計算器，了解自己是否有足夠分數申請。

以下這個網站也可以幫助你去自我評分：

https://immi.homeaffairs.gov.au/help-support/tools/points-calculator

有關獨立技術移民簽證和州政府擔保技術移民簽證的分別如下：

	獨立技術 移民簽證（189）	州擔保技術 移民簽證（190）
澳洲移民簽證類別	永久居民	永久居民
是否需要提交申請意向 （Expression of interest）	需要	需要
語言要求	IELTS（雅思） 6分以上	IELTS（雅思） 6分以上
是否需要州政府擔保	不需要	需要
申請分數最低要求	65	60 （加上州擔保的5分， 達65分）
提名職業列表	MLTSSL	MLTSSL+STSOL
定居地點	無限制	前兩年需在擔保的州定居

3. 商業創新與投資移民 BIIP
（Business Innovation & Investment Program）

如果申請者資金充足或打算到澳洲創業，可以透過商業或投資移民途徑取得居留權。2021 年 7 月生效的新移民政策將 BIIP 精簡為 4 類。簽證有效期也由 4 年改為 5 年，3 年後符合申請永居簽證條件的可轉為永久居民。其分類如下：

（1）商業創新移民簽證 Business Innovation Stream（188A）

（2）投資移民簽證 Investor Stream（188B）

（3）重大投資移民簽證 Significant Investor Stream（188C）

（4）創業者簽證 Entrepreneur （188E）

【商業創新與投資移民 BIIP 申請條件】
（1）商業創新移民簽證（188A）

申請條件比較寬鬆，注重申請公司的營業額，對審計和投資金額要求都較低，適合經商人士。但 2021 年 7 月 1 日生效的新政策也提高了資產和營業額等的門檻。其申請條件為：

- 獲州提名
- 申請人需擁有一至兩間公司，在獲邀請申請前 4 年內的 2 年總共至少有 AUD75 萬的營業額
- 在一間有營業收入 AUD40 萬以上的非上市公司持股 30% 以上或營收 AUD40 萬以下的公司持股 51% 以上，或在上市公司持股 10%
- 有 AUD125 萬以上淨資產
- 在計分制獲得 65 分以上
- 在 55 歲以下
- 符合英語要求（IELTS4.5 分）
- 有成功的商業經驗

188A 簽證持有人可在澳洲居留 5 年，滿足以下條件可在 3 年後申請 888A 永居簽證：

- 申請前 2 年在澳洲持有及營運最多兩間公司（持股比例與上述簽證要求相同）
- 申請前 1 年內營業額達到 AUD30 萬
- 申請前 1 年內公司（最多兩間）資產達到 AUD20 萬，個人資產達 AUD60 萬
- 申請前 1 年內公司聘請 2 個僱員
- 申請前 2 年內最少在澳洲居住 1 年

以上條件各州的要求均有所不同，例如悉尼要求最高，投資至少 AUD50 萬做生意，營業額要達到 AUD100 萬，而新南威爾斯州的悉尼以外地區，投資生意金額亦需要至少 AUD30 萬。188A 簽證持有人若在澳洲已經成功營運澳洲商業兩年，可申請延期多兩年居留。

（2）投資移民簽證（188B）

投資移民簽證（188B）比較適合有可動用資產達港幣 1,300 萬元以上及不想自己做生意的家庭。2021 年 7 月生效的新例取消了投資國債的選項，並將投資金額要求由原來的 AUD150 萬大幅提高到 AUD250 萬。這個投資要求與重大投資移民簽證（188C）一致，就是要符合指定的投資組合架構 Complying Investment Framework（CIF）。新的投資組合 CIF 要求 20% 的資金投資於風險投資和私募基金，30% 投資於澳洲成長中的公司，其餘 50% 作平衡投資，包括上市公司債券、藍籌股、房地產基金等。

- 獲州提名
- 在獲邀請申請前 5 年內至少 1 年有管理合資格生意（申請人或申請人與伴侶合共持股 10% 以上），或由申請人、申請人伴侶或兩人合共擁有的合資格投資 AUD150 萬
- 在獲邀申請前 2 年內申請人、申請人伴侶或兩人合共擁有資產 AUD225 萬
- 投資 AUD250 於 CIF 並持有 4 年
- 有 3 年以上管理生意或投資經驗
- 必須在獲提名的州居住
- 在計分制獲得 65 分以上
- 在 55 歲以下
- 符合英語要求（IELTS4.5 分）
- 有成功的商業經驗

188B 簽證持有人滿足以下條件可在 3 年後申請 888B 永居簽證：
- 持有符合要求的 AUD250 萬投資 4 年
- 申請前 4 年內至少在澳洲居住過 2 年

（3）重大投資移民簽證（188C）

適合更高資產淨值的人士申請，其申請條件為：
- 獲州提名
- 投資 AUD500 萬於與 188B 要求相同的 CIF 4 年
- 符合英語要求（IELTS4.5 分）

188C 簽證持有人滿足以下條件可在 3 年後申請 888C 永居簽證：
- 持有符合要求的 AUD500 萬投資 4 年
- 符合較寬鬆的居住要求，居住可由伴侶代表

188C 簽證可續簽 2 次各 2 年簽證，但需提供固定且持續性投資額度證明。投資及商業移民的資產均要証明收入來源，至於未能符合英文要求澳洲是容許額外多付一筆申請費用作到澳洲後進修英文之用。

（4）創業者簽證 Entrepreneur（188E）

創業者簽證為有意在澳洲開設創新業務的企業家而設。新例取消了初創企業要獲得 AUD20 萬投資要求，取而代之的是需要獲得州政府擔保。

188E 申請條件為：

- 獲州提名
- 在 55 歲以下
- 在澳洲開立創新性初創公司但不可是與房地產、招聘、收購澳洲現有企業或專營業務相關
- 符合英語要求 (IELTS6 分)

188E 簽證持有人滿足以下條件可 3 年後申請 888E 永居簽證：

- 滿足主要成功指標中至少兩項，或
- 滿足主要成功指標中至少一項和輔助成功指標中的 3 項
- 在澳洲居住並經營相關初創活動兩年以上

主要成功指標：

- 聘請兩個或以上澳洲公民、永久居民或合資格人士
- 營業額至少 AUD30 萬
- 正申請或取得一項專利
- 初創活動獲得持續投資
- 與一間大學成為合作伙伴
- 以 AUD200 萬以上售出初創企業

輔助成功指標:

- 將初創活動融合到其他商業領域
- 獲得州或地區政府提名人的嘉許信
- 獲得企業贊助
- 開展至少其他一項生意
- 獲得正規獎項或認可
- 募集或貢獻社會基金

	188A 商業創新 移民簽證	188B 投資 移民簽證	188C 重大投資 移民簽證	188E 創業者簽證
年齡上限	55 歲	55 歲	不限	55 歲
計分表要求	至少 65 分	至少 65 分	不限	不限
做生意或 投資經驗	有至少一門生意超過兩年	至少 3 年投資經驗 至少 1 年投資總額達 150 萬	沒有要求	正在或準備在澳洲開辦創新企業
移民前生意 營業額要求	每年至少 75 萬	沒有要求	沒有要求	沒有要求
資產要求	至少 125 萬	至少 225 萬	至少 500 萬	沒有要求
簽證獲批後 在澳洲 投資要求	投資 20 萬開設一盤生意，生意額要達到每年 30 萬	投資 250 萬於指定投資組合	投資 500 萬於指定投資組合	獲得澳洲政府認可之機構擔保
簽證有效期	5 年	5 年	5 年	5 年
簽證可續 簽年期	2 年	沒有	2x2 年	沒有
簽證發出後 多久可申請 PR	3 年	3 年	3 年	3 年
成為 PR 前 在澳洲 居住要求	至少住滿 1 年	至少住滿 2 年	3 年內 至少住滿 120 日	至少住滿 2 年

第五章
加拿大

如果讀者對申請加拿大 SUV 簽證有興趣，
Wealthskey 提供一條龍的 SUV 移民申請服務
請 Email: admin@wealthskey.com
由本書作者親自跟進

本章貨幣簡稱：加拿大元 CAD

一.加拿大適合你嗎?

加拿大是最受香港人歡迎的移民國家之一,據估計大約有 20 萬香港人生活在加拿大。加拿大為全球面積第二大國家,人口約 3 千 7 百萬人。第一大城市多倫多約有 6 百萬人口(大多倫多),法語城市蒙特利爾400 萬,溫哥華 250 萬。港人大部分聚居在多倫多和溫哥華兩地。

加拿大擁有世界一流的生活質素、優美的自然環境、良好的教育體系和友善的加拿大人。經濟學人智庫(The Economist Intelligence Unit)每年公布的全球 10 大宜居城市排行榜中,加拿大基本上有 3 個城市穩佔頭 10 位,包括多倫多、溫哥華和卡爾加里(卡加利)。加拿大確實是一個受歡迎的長居地,但也有不少新移民不適應要回流,究竟加拿大是否適合你呢?新移民要注意甚麼呢?

1. 多倫多還是溫哥華？

很多打算移民加拿大的朋友都會問這個問題，是去多倫多還是溫哥華好？回答這個問題之前，首先要問一下自己去加拿大的目的。

(1) 多倫多 - 多元文化之都

多倫多是加拿大新移民的首選落腳點，市內 49% 的人口在加拿大以外出生，華裔人口達 40 萬，令多倫多成為世上種族最多樣化的城市之一。作為加拿大的經濟中心，多倫多是一個世界級城市，也是北美金融中心之一。多倫多在金融、商業服務、電信、宇航、交通運輸、媒體、藝術、電影、電視製作、出版、軟體、醫藥研究、教育、旅遊、體育等產業均較發達。多倫多證券交易所是世界第七大、北美第三大交易所。

多倫多犯罪率低、環境優美、生活水準高、多元文化共溶，為世界上最宜居的城市之一。大約 3 分之 1 的加拿大人居住在距多倫多兩小時車程的範圍。加拿大最大的汽車製造廠設在當地，高科技產品佔全國的 60%。加拿大的大銀行總部，如皇家銀行、帝國商業銀行等全部匯集於此，90% 的外國銀行駐加分支機構設在多倫多。此外，附近著名的尼亞加拉大瀑布每年吸引約 3 千萬遊客。

(2) 溫哥華 - 北方荷里活

溫哥華是港人的熱門移居地，加拿大第三大都會區。溫哥華港是全國最大的港口，溫哥華地區亦是多家林木業和採礦業公司的總部所在。近年 IT 產業、生物科技和電影業等的發展也相當蓬勃，溫哥華更是北美繼洛杉磯及紐約市後的第三大製片中心，有「北方荷里活」之稱。

溫哥華自然環境深受遊客歡迎，旅遊業為該市第二大經濟支柱。城市氣候溫暖，靠近海洋，山脈，河流和湖泊，使該地區成為戶外悠閒的熱門地。這個城市有幾個大型海灘，海岸線提供了許多不同類型的水上活動。

【多倫多及溫哥華之比較】

如果要找工作,多倫多機會較多。如果不用工作,那溫哥華比較悠閒。多倫多四季分明,溫哥華山明水秀。另外氣候、生活成本等問題也是主要考慮因素(看下表比較)。溫哥華由於人口較少,華人和亞洲人的比例就顯得相對較高。多倫多更像一個小聯合國。

	多倫多	溫哥華
工作機會	較多	適合退休或不用工作
氣候	冬天較寒冷和會下雪	冬天相對溫暖、少下雪但常下雨
生活成本指數[1]	64.01	64.69
獨立屋價中位數[2]	CAD102 萬	CAD126 萬
往返香港飛行時間	14 小時	11 小時
人口	600 萬	250 萬
自然災害風險	主要是雪暴	在地震帶
香港人聚居主要區域	Richmond Hill, Markham, Scarborough	Richmond, Burnaby

資料來源:

1 Numbeo Cost of Living plus Rent by City 2021, 以紐約市為 100 基數,香港指數為 77.22

2 CTV news (December 2020)- Royal LePage & The Toronto Regional Real Estate Board

其他較多華人的城市還有卡爾加裡、蒙特利爾、渥太華等,生活成本都低於多倫多與溫哥華。大部分移民選擇哪個城市還是主要考慮工作機會、氣候和生活成本的因素。

2. 生活在加拿大

(1) 氣候

加拿大四季分明，春天短暫；夏季溫暖，不像香港嚴夏的高溫濕熱那麼難受；秋天陽光普照，氣溫怡人；最大的缺點就是冬季寒冷漫長，季節一直延至 4 月中。加拿大大部分地方冬天下雪，特別是住地層要鏟雪是一大苦事。但加拿大室內都有暖氣，其實要比香港的冬天舒服。很多人選擇溫哥華因為相對沒那麼冷和少下雪，但經常下雨卻是另一個大問題，溫哥華有「加拿大雨都」之稱，天氣與倫敦相似。蒙特利爾、渥太華、卡爾加里等就比多倫多更冷了。所以移民加拿大，首先要接受它的氣候。

（2）生活成本

據 Numbeo 的全球各大城市生活指數統計，加拿大幾大都市生活指數約為 64 左右，比香港的 77 為低（以紐約市為 100 基數）。

① 當地樓價

香港相比當然算便宜，但溫哥華和多倫多也入選為全球最難負擔房價的地方之一。溫哥華的房價比多倫多更貴，好地段的兩房新公寓（Apartment）要賣到 CAD300 萬，直逼香港的樓價。以 3 間睡房的獨立屋為例，價位一般在 CAD140 萬以上。多倫多樓價稍低，但在華人聚居的社區如萬錦、列治文山的獨立屋入場費一般也要 CAD90 萬。如果不想捱高房價，加拿大其他小一點的城市選擇也蠻多的。例如在 Winnipeg, Halifax 等城市，約 CAD30 至 40 萬元也能買到不錯的獨立屋。

② 超市開支

與香港相若，肉價、牛奶、水果等比香港便宜，但蔬菜比香港貴和選擇少。和外國大部分地方一樣，加拿大的餐館價格一般都比較平均，不會像香港一樣有 20 多元港幣一餐的選擇，也不會一餐飯要花港幣幾千元。

③ 公共交通

開支比香港略高，但在加拿大私家車是必需品。養車成本當然不高。整體而言，算上房價加拿大的生活成本要比香港低、比台灣高，如不介意住偏遠地方那生活成本會更低。

（3）飲食選擇

講到飲食，亞洲以外最適合香港人的地方非加拿大莫屬，特別在溫哥華和多倫多。來自世界各地的各類菜式選擇應有盡有，港式餐廳比比皆是，價錢也合理。美中不足的是蔬菜種類沒有香港多，菜心、芥蘭這些香港如此普遍的菜類，在加拿大就只能從中國進口而且品質都比香港的差很多。唐人街基本上是老一代華人或越南人開的餐廳為主，香港人開的餐廳大部分集中在港人聚居的區分。

（4）工作機會

很多新移民來加拿大碰到的最大的問題就是找工作。新移民最大的痛點是欠缺加拿大經驗和有語言和文化障礙。不少新移民在自己的地方以為自己英文很靈光，但一到英語體系的國家就成為小學生了。

① 第一大城市多倫多

就業機會在加國最多，特別是如果你是金融、IT、電訊、醫療產業和科技專才，還是不愁找不到工作的。

② 第二大城市蒙特利爾

為世界上的第三大法語城市，加拿大三大鐵路公司兩家總部都設於此。蒙特利爾的飛機製造業發達，眾多著名公司的總部都設在該市及周邊地區，如世界第三大飛機製造商和軌道車輛製造商龐巴迪（Bombardier）、世界最大的飛行模擬器製造商 CAE（公司）、貝爾直升機加拿大公司（Bell Canada）、普惠加拿大（Pratt & Whitney Canada）、加拿大航空公司、越洋航空公司（Air Transat）等。

③ 第三大城市溫哥華

在溫哥華工作機會主要是旅遊、電影、IT 相關行業。

④ 第四大城市卡爾加里

卡爾加里 Calgary 是加拿大最大的能源中心，以及北美第二大能源中心。世界著名的石油公司都在這裡設有分公司，加拿大眾多能源公司的總部就設在此地。卡爾加里人均世界 500 強公司數、人均中小企業數均位居加拿大第一。卡爾加里是加拿大經濟活力最強的地區之一，它擁有極高的個人和家庭收入，低失業率和高人均 GDP。

與澳洲相比，加拿大最大的優勢是鄰近美國，背靠龐大的北美市場，所以很多北美的工作坐鎮在加拿大也可以勝任。拿著加拿大護照南下去美國找工作也是另外一個選擇。

（5）社會福利

基本上，筆者比較不認同那些猶如蝗蟲一樣的行為，到了別人地方甚麼貢獻也沒有就先問福利，有權利先要有義務。但為了提供全面資訊，本書也介紹一下加拿大的基本福利。

① 就業保險

Insurance（EI）如果加拿大居民（下指加拿大永久居民及公民）在 1 年中連續工作了半年，因為失業、患病、生小朋友等不能繼續工作，可通過全國性的就業保險計劃而獲得臨時收入。申請補助須到加拿大政府就業中心（Canada Employment Centre），即辦理社會保險卡（Social Insurance Number）的機構。

② 醫療

加拿大的醫療是屬於省府一級的職能。 醫療卡（Health Card）在各個省的名稱不一樣， 比如在安省叫 OHIP（Ontario Health Insurance Plan）， 在 BC 省叫 MSP（Medical Services Plan）， 在魁省俗稱為「太陽卡」。用醫療卡看病免費，但是非住院藥物需自費。雖然免費是好的福利，但免費自然導致看病等候時間過長，正如香港的公立醫院一樣。但在加拿大沒有私立醫院的選擇，要不能等就只能到美國或回香港。

③ 社會福利金

社會福利金 Social Welfare 這是加拿大福利體系的一塊基石，是用於保障每個加拿大人能保持一個基本的生活標準，類似香港的綜援。沒有收入，而且銀行存款在 CAD1,000 元以下的公民都能申請到這筆錢，單身人士可獲每月加幣 500 至 700 元，三口之家則可獲 CAD1,100 至 1,300 元左右。

④ 牛奶金

在加拿大每個小朋友由出生開始至 18 歲，都可以每月領取這筆牛奶金 Child Tax Benefit 補助，多少根據父母收入而定。

⑤ 養老金

加拿大人不論其資產或收入，均可獲得高齡保障退休金（Old Age Security）。領取資格視乎居留年數，因此新移民並不能享有全數退休金。

⑥ 免費語言課程

加拿大新移民語言課程（LINC）是聯邦政府專門為新移民提供的免費語言課程，當地移民安居機構，也提供免費語言課程。

（6）營商環境

根據《福布斯》2019 年《最適合經商的國家和地區》排行榜，加拿大排全球第六。排名上升因其稅率降低、銀行穩健、投資者保護措施與相對較少的繁文縟節。加拿大初創產業也非常成熟，融資渠道多元化，而且可服務北美的龐大市場。

① 所得稅

公司的所得稅分為聯邦和省兩個部分。公司的形式不同，稅率也相應變化。

A. 加拿大的大中型企業：總平均稅率為 26.9%，相對於英國的 35.5% 和美國的 46.7% 為低。

B. 加拿大的小企業：就是年淨營業利潤在 CAD50 萬以下，會有稅務減免，聯邦稅率為 10.5%，明尼托巴省 0%，BC 省 2.5%， 安省 4.5%，也就是大多省份實際稅率大致為 11%-15.5%。

② 其他徵稅

加拿大沒有遺產稅，也不像美國公民和永久居民那樣要全球徵稅，並允許加拿大人在離開加國和割斷加拿大聯系後，由稅務居民成為非稅務居民（Non-resident for Tax Purposes）。按照加拿大稅法，只有加拿大稅務居民才需要為全球收入納稅，而非稅務居民則只需為加拿大本土的收入納稅。

（7）教育

根據 U.S.News 發布的 2019 年「全球教育最佳國家排行榜」，加拿大排名第三。加拿大的教育得到很高的評價，主要得益於其寬容的教育特色及合理的教育體制，還有符合社會需求的教學內容。

① 幼稚園及小學

學習的內容涵蓋了個人與社交發展、語言、數學、科學、藝術等。小學的功課全部在學校完成，小學從 4 年級開始學法文。

② 中學課程

分為兩大類：第一類旨在為學生上大學做好準備，第二類旨在為學生進入社區學院、技術專科學院接受大專教育或是參加工作做準備。不能完成普通課程的學生還可以選修特殊課程。加拿大除了通識教育，更注重學以致用的職業教育。

③ 大學課程

加拿大高等教育普及率已達到 45%，居世界前列。而且加拿大大學的學費比美國便宜，性價比贏美國。多倫多大學排在全球最頂尖的頭 20 位，但學費（特別是本地生）比美國的大部分大學都低。

（8）政治與治社會環境

加拿大政治穩定，人權得到充分保證，自由民主程度列世界前茅，唯一的隱憂是魁北克的獨立運動。加拿大人比較包容外來移民，種族融合做得比美國好，基本上沒有特別一個區是專門黑人區或華人區或印度人區。筆者在加拿大生活幾年也沒碰過種族歧視的問題。當地治安也很好，槍擊案不經常發生。據 Statistics Canada 的數據加拿大 2017 年的犯罪率為 5.3%，低於發達國家平均水平。

小結

總體而言，加拿大是一個非常宜居的地方，特別適合有小朋友接受更好教育的家庭。也特別適合香港人，這裡有香港的蘋果日報北美電子版、明報和星島的加拿大版，有香港頻道的電視台，有港式茶餐廳。加拿大是高稅收高福利的國家，醫療免費但效率低，在醫療方面應該是香港更優勝。氣候和工作機會是對新移民最大的挑戰。由於大部分新移民都集中住在多倫多和溫哥華，導致當地房價飆升，塞車也愈來愈嚴重。這也令到兩地的宜居度有所下降。和澳洲一樣，加拿大重稅找工作不易，比較不適合有事業野心、要賺大錢的人。

本書各國/ 地區宜居度評分 — 加拿大

	權重 %	評分（0-10分，10分為最理想）
氣候/ 自然災害	7%	3
生活成本	11%	6
飲食選擇	9%	8
就業機會	12%	7
福利	5%	10
營商環境	5%	8
教育	11%	9
醫療	9%	8
居住環境	6%	10
稅務負擔	6%	3
民主自由度	7%	10
治安	6%	9
社會穩定性	6%	8
整體宜居度	100%	7.5

二.怎樣移民加拿大？

1. 最新移民配額

首先介紹一下加拿大最新的移民政策。根據加拿大政府的《2021-2023年移民配額計劃》，加拿大將增加移民配額，以增進經濟增長和復甦，包括：

- 大力吸納移民
- 擴大移民試點計劃，招收更多能為加拿大社會創造價值的新移民
- 支持家庭團聚移民
- 推行區域性移民試點方案
- 向為加拿大社會提供抗疫服務的醫療人士提供特殊移民通道
- 鼓勵工簽移民方式，努力為持有工作簽證人士提供更多的移民途徑
- 幫助勞工部管理人才，保護疫情下在加拿大工作人士，填補勞動力的缺口，例如食品加工行業、IT 行業等
- 為新移民提供完善的安家服務，和各社區進行合作，提供高質的安家服務，其中包括語言學習、社區融入、加拿大日常生活教導、協助辦理小朋友入學程序等等

加拿大移民、難民及公民部（以下簡稱移民部）在 2020 年 10 月公布 2021 至 2023 年的移民目標是接收 123 萬新移民，以填補勞動力市場的空缺，促進經濟發展。移民部表示，雖然在新冠疫情期間繼續接受和處理移民申請，但因全球旅行等方面受限，過去數月吸納移民數量不足。為彌補缺口，確保加拿大有足夠勞動力並保持在世界舞台上的競爭力，2021 至 2023 每年將繼續以約佔加拿大人口 1% 的速度接收移民。

這 3 年接收的移民計劃是：2021 年接納 401,000 名永久居民，2022 年接納 411,000 名，2023 年接納 421,000 名。此前加拿大設定的吸收移民計劃目標是 2021 年 35.1 萬人，2022 年 36.1 萬人。新計劃意味著每年比原計劃增加吸納 5 萬人，約 60% 的新增移民將屬於經濟類。這個移民接收的規模將是近百年來最高的。請參考下表名額分配計劃：

2021-2023 Immigration Levels Plan

	2021		2022		2023	
Projected admissions - Targets	401,000		411,000		421,000	
Projected admissions - Ranges	Low	High	Low	High	Low	High
Federal economic, provincial/territorial nominees	153,600	208,500	167,600	213,900	173,500	217,500
Quebec-selected skilled workers and business	Subject to Quebec's Plan		To be determined		To be determined	
Family reunification	76,000	105,000	74,000	105,000	74,000	106,000
Refugees. protected persons,humanitarian and compassionate and other	43,500	68,000	47,000	68,000	49,000	70,500
TOTAL	300,000	410,000	320,000	420,000	330,000	430,000

相比過去 2018 到 2020 年，加拿大實際接收的移民人數為 32 萬、34 萬
和 18 萬。2020 年因疫情關係加拿大接收的移民人數為近 10 年新低。
可見未來幾年移民加拿大將是大好機會。

下圖是 2019 年加拿大接收的永久居民分類：

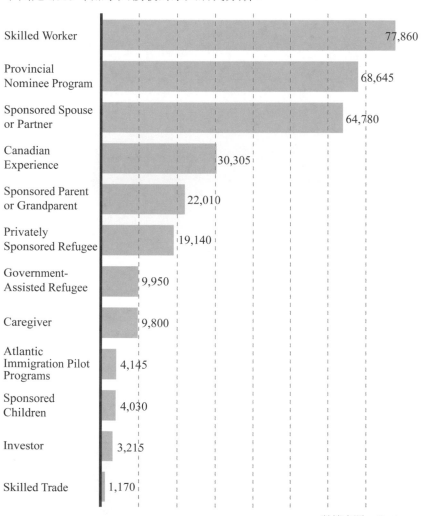

Skilled Worker	77,860
Provincial Nominee Program	68,645
Sponsored Spouse or Partner	64,780
Canadian Experience	30,305
Sponsored Parent or Grandparent	22,010
Privately Sponsored Refugee	19,140
Government-Assisted Refugee	9,950
Caregiver	9,800
Atlantic Immigration Pilot Programs	4,145
Sponsored Children	4,030
Investor	3,215
Skilled Trade	1,170

數據來源：Statista

2. 專為香港人開放的移民方案

加拿大也特別公布了專為香港人開放的移民方案，加拿大政府在 2020
年宣布容許在過去 5 年獲得大學學位或兩年以上大專文憑的合資格香
港居民申請有效期最長 3 年的工作簽證。移民部長曼迪仙盧（Marco
Mendicino）更在 2021 年 6 月 8 日宣布新增兩項港人永久居留途徑。第
一類是申請人在上述工作簽證的基礎上在加拿大完成一年全職工作，或
最少 1,560 小時兼職工作，便可申請 PR。另一類為申請者在過去 3 年
內完成官方認可的加拿大大專學院學位，而其中一半的課堂需於加拿大
親身或網上完成。申請者需持有特區或 BNO 護照，已取得加拿大臨時
居留簽證，申請時及取得 PR 時均要已身在加拿大。有關政策在 2021
年 6 月 1 日生效，直到 2026 年 8 月 31 日為止，但強調可能隨時取消安排。

加拿大當局亦推出了額外的措施使香港青年及家人更容易移居加拿大：

- 加快處理永久居留申請的速度，包括家庭團聚申請，香港申請人可受
益
- 在加拿大境內申請永久居留的配偶或同居伴侶亦可以申請開放工作許
可證
- 繼續處理針對香港青年的工作假期簽證申請，先前因疫情關係暫時處
理
- 推廣「超級簽證」（Super Visa），超級簽證是為父母和祖父母而設
的簽證，容許持有人在 10 年內多次出入境加拿大，及每次最長可逗
留 2 年
- 在加拿大境外因在加拿大不被視為犯罪的行動而被逮捕和定罪，不影
響申請移民加拿大的資格

3. 主要移民簽證

如果你不是近 5 年內畢業，也不想要拿幾年工作簽證才可申請永居（PR），則可考慮以下幾個獲得 PR 簽證的途徑：

【簽證類別】

- 快速技術移民（Express Entry）
- 省提名（Provincial Nominee Program）
- 創業移民（Start-up Visa）
- 親屬移民（Family sponsorship）
- 大洋洲省份就業移民（Atlantic Immigration Pilot）
- 魁北克省技術移民（Quebec-selected skilled workers）
- 護理行業人員（Caregivers)
- 文化及體育行業自僱人士（Self employed）
- 偏遠和北部地區試驗計劃（Rural & Northern Immigration Pilot）
- 健康護理工作者（專為難民申請者而設）（Health-care workers permanent residence pathway）
- 農業食品試驗計劃（Agr-food Pilot）
- 難民（Refugees）

加拿大簽證類別清單

加拿大移民部官方網站有最齊全的簽證類別清單，這裡挑選了幾個最主要和熱門的作進一步介紹。https://www.canada.ca/en/immigration-refugees-citizenship/services/immigrate-canada.html

（1）快速移民通道（Express Entry，簡稱 EE）

快速移民通道（Express Entry）是最低成本、最快捷的移民加拿大的途徑，當然你要達到最低分數線。EE 的申請人不可以自行提交移民申請，必須收到加拿大移民局發出的加拿大永久居民身份申請邀請（Invitation to Apply）後，才能申請移民加拿大。加拿大移民局對 EE 申請人的要求最為嚴格，申請人的專業經驗需與加拿大的勞動市場需求吻合，確保新移民能貢獻加拿大的經濟。

EE 申請計劃分為以下 3 大類，符合條件的申請人得分愈高，愈大機會獲邀請申請移民。不同計劃對申請人的職業、工作經驗、語言能力、學歷等均有不同要求。

- 聯邦技術計劃（Federal Skilled Worker Program）
- 聯邦技工計劃（Federal Skilled Trades Program）
- 加拿大經驗（Canadian Experience Class）

擁有以下條件申請人較有優勢：
- IELTS 分數高
- 最近 3 年內有 1 年以上加拿大工作經驗
- 工種屬加拿大認可的技術類
- 35 歲以下
- 大學以上學歷（最好有加拿大學位）
- 擁有加拿大僱主發出至少 1 年全職的聘書或獲得省、地區或聯邦相關機構發出的資格證書

① 快速移民通道（EE）申請條件

聯邦技術計劃、聯邦技工計劃、加拿大經驗的移民條件			
條件	聯邦技術計劃	聯邦技工計劃	加拿大經驗
語言	CLB 7 或以上	聽、説：CLB 5 或以上 讀、寫：CLB 4 或以上	0 或 A 類 工 作：CLB 7 或以上 B 類工作：CLB 5 或以上
工作類別	0、A 或 B	B	0、A 或 B
工作經驗	過去 10 年 間 有最少 1 年（須為 0、A 或 B 類別的工作）	過去 5 年間有最少 2 年	過去 3 年內擁有最少 1 年加拿大工作經驗（學生身份的兼職工作和自僱工作除外）
工作機會	沒有	• 擁有加拿大僱主發出最少 1 年全職的取錄通知書；或 • 獲得加拿大省、地區或聯邦政府相關機構發出的資格證書	沒有
學歷	高中或以上	沒有	沒有
其他	此計劃另有評分系統（100 分滿分），須取得 67 分才合資格。	沒有	沒有

② 工作類別說明

加拿大國家職業分類系統（National Occupational Classification，簡稱 NOC）將不同職業分成不同等級分類。要符合條件，候選人必須擁有技術類工作經驗，而受聘的工作崗位，必須是屬於加拿大職業分類 NOC 職業列表中，為管理（類型 O）、專業（等級 A）及技術工作（等級 B）的職務。O 類如餐廳經理，煤礦經理、船長等；A 類如醫生、牙醫等；B 類包括廚師、木匠、工業電工等。

加拿大國家職業分類系統（NOC）		
等級	工作類型	例子
0	管理工作	餐廳經理、物業管理、酒店管理
A	需要持有大學學位的專業工作	醫生、牙醫建、築師師、木工程師、機械工程師、電子工程師
B	需持有大學文憑或學徒培訓的技術工作	廚師、管道工、電工
C	需持有高中學歷或曾接受相關職業訓練	貨車司機、餐廳侍應
D	勞動力職位	水果採摘工人

③ 語言能力評級說明：加拿大語言標準（CLB）

加拿大語言標準（Canadian Language Benchmarks，簡稱 CLB）是加拿大政府用以評定申請人的英語能力的標準，它是評分標準而非考試制度。申請者可以思培（CELPIP）和雅思（IELTS）英語成績，以及 TEF Canada 和 TCF Canada 的法語成績，對照成相應的 CLB 分數。

快速移民通道中聯邦技術移民計劃另設評分系統，申請人須取得 67 分或以上才符合資格。

加拿大聯邦技術移民評分（滿分 100 分）	
年齡	最高 12 分
18 - 35 歲	12 分（35 歲後，每年長 1 年扣 1 分）
年齡 ≥ 47 歲	0 分
教育程度	最高 25 分
博士學位 25 分	25 分
碩士學位	23 分
雙學士學位	22 分
3 年制或以上專上教育	21 分
2 年制專上教育	19 分
1 年制專上教育	15 分
高中畢業	5 分

加拿大聯邦技術移民評分（滿分 100 分）	
第一官方語言：英語（IELTS 成績）	最高 24
聽：8.0-9.0；說：7.0-9.0；讀：7.0-9/0；寫：7.0-9.0	每項 6 分
聽：7.5；說：6.5；讀：6.5；寫：6.5	每項 5 分
聽：6.0-7.0；說：6.0；讀：6.0；寫：6.0	每項 4 分
聽：6.0 以下；說：6.0 以下；讀：6.0 以下；寫：6.0 以下	不符申請快速通道之資格
第二官方語言：法語（NCLC 成績）	最高 4 分
聽、說、讀、寫達 5 分	每項各得 1 分
工作經驗（NOC 的 0/A/B 類）	最高 15 分
6 年或以上全職工作經驗	15 分
4-5 年全職工作經驗	13 分
2-3 年全職工作經驗	11 分
1 年全職工作經驗	9 分
加拿大僱主僱用證明（最少 1 年）	最高 10 分
適應能力	最高 10 分
配偶 IELTS 分數達聽：4.5、說：4.0、讀：3.5、寫：4.0	5 分
申請人曾在加拿大全職工作至少 1 年	10 分
配偶曾在加拿大全職工作至少 1 年	5 分
申請人／配偶曾在加拿大全日制學習至少 2 年	5 分
申請人／配偶有近親為在加拿大居住的公民或永久居民	5 分

④ 加拿大技術移民：綜合排名系統（CRS）計分

大家按照自己的工作經驗、學歷、語言能力等條件，去選擇快速移民通道中相應的移民計劃之餘，亦要獲得綜合排名系統（Comprehensive Ranking System，簡稱 CRS）的評分，影響評分的因素主要為年齡、學歷、語言能力、工作經驗、配偶、適應能力等。

加拿大移民局會以綜合排名系統（Comprehensive Ranking System）的評分篩選申請人，將其由高至低排名，再發出技術移民簽證邀請。換言之，分數愈高，獲邀請的機會愈大。

讀者可到以下加拿大移民局的網站作自我資格評估看看你是否符合技術移民的資格：https://www.canada.ca/en/immigration-refugees-citizenship/services/come-canada-tool-immigration-express-entry.html

掃描以下二維碼

加拿大移民局

年份	技術移民批出人數	以加拿大經驗類批出的移民數量
2018 年	71,240 名	27,615 名
2019 年	77,860 名	30,300 名
2020 年	35,800 名	25,040 名

（2）省提名計劃
（Provincial Nominee Program, 簡稱 PNP）

加拿大各省均有省提名技術移民名額,申請門檻較低,個別省份的技術
移民較聯邦技術移民的申請時間短,英語程度要求也較低,亦不需要有
僱主提名。只要申請人直接收到該省的邀請加上評分達標準便可。PNP
的申請與 EE 可同步進行,只需在 EE 申請時選擇你想得到哪個省份的
提名。但每年的省提名名額比聯邦技術移民名額要少。

2020 年加拿大「省提名移民」	批出人數
卑詩省（British Columbia）	8,460 人
阿爾伯特省（Alberta）	7,825 人
安大略省（Ontario）	6,745 人
明尼吐巴省（Manitoba）	5,835 人
薩斯克其萬省（Saskatchewan）	5,355 人
路域斯哥亞省（Nova Scotia）	1,590 人
新百斯域省（New Brunswick）	1,390 人
愛德華王子島省（PEI）	1,005 人

（3）創業移民（Start-up Visa, 簡稱 SUV）

加拿大移民部於 2017 年 4 月設立一項著眼招攬海外人才和創業者的新「加拿大創業移民計劃」（Start-up Visa），鼓勵海外創新科技企業到加拿大開設初創公司。申請人最快可在幾個月內取得加拿大永久居民身份。

【SUV 申請條件】

① 項目商業計劃被以下指定的其中一個投資機構認可並支持
- 指定的風險投資基金：至少獲得 CAD20 萬投資入股
- 指定的天使投資基金：至少獲得 CAD7.5 萬投資入股
- 指定的企業孵化器：入選到指定的孵化器
② 每個項目最多 5 名申請人可移民加拿大，每名申請人可包含家庭成員
③ 每名申請人須在項目中佔 10% 或以上股份
④ 申請人達到語言要求 CLB5：相當於 IELTS 5 分
⑤ 符合教育要求（1 年以上的高中後教育）
⑥ 願意定居在魁北克以外的省份
⑦ 年齡 18 歲以上
⑧ 有足夠的定居資金（根據家庭人員不同，一家三口為 CAD2 萬左右存款證明）

第①項條件是最難的門檻。要得到加拿大指定機構的投資，項目本身就要有吸金的能力。至於入選孵化器，因為移民部每年只能分配若干名額給一個機構，所以要得到出信支持你的項目就必須在激烈的競爭中脫穎而出。

以下幾類人士較適合申請 SUV：

- 已經在創業或有志創業的人，其項目屬於創新科技並有專有技術與良好市場前景
- 有意投資及參與科創項目及一並移民的人士

這類簽證對「項目」要求高，反而對申請人要求不高，所以未能符合聯邦與省提名技術移民又不想被限制到人煙稀少的偏遠地區的人，可考慮加入合條件的項目團隊，循此路徑移民。SUV 是筆者極力推薦的加拿大移民簽證，申請人可一步到位直接取得 PR 身份，如果技能配合項目要求又可參與科創企業運作，解決移民後要再找工作的問題；更可以天使投資人身份，投資有潛力的科技項目，一石三鳥滿足移民、工作、投資三大訴求。

過去 3 年移民部批出的 SUV 簽證數目，大概每年 240 至 515 個，但政府有意將這一項目的配額提升至 1,000-1,500 個，所以未來數年申請SUV 的成功機會將會大增。

（4）大西洋四省就業移民
（Atlantic Immigration Pilot，簡稱 AIPP）

加拿大政府為鼓勵更多移民到北部的大洋洲省份 New Brunswick, Prince Edward Island, Nova Scotia, Newfoundland and Labrador 工作與定居，也特定了一個 Atlantic Immigration Pilot（AIPP）計劃。

加拿大

AIPP 計劃分為：大西洋高技能計劃（Atlantic High-Skilled Program）、大西洋中等技能計劃（Atlantic Intermediate-Skilled Program）、大西洋國際畢業生計劃（Atlantic International Graduate Program）等三項。上述三類移民計劃的申請人，在獲得大西洋四省當地合格僱主簽發的工作邀請函和省政府擔保書，即可提交移民申請至聯邦。合格的申請人將獲得加拿大永久居民身份。

【AIPP 申請條件】
- 加拿大高中及以上學歷，或同等水平的海外學歷（須做學歷認證，5年內有效）
- 近 3 年有至少 1 年的相關工作經驗（1560 小時，或每周 30 小時）
- 語言至少 CLB 4 或以上（雅思：讀 3.5、寫 4.0、聽 4.5、說 4.0）
- 大西洋四省僱主的正職取錄（通過批准的），工作必須為 0，A，B 類，至少 1 年以上
- 當地省政府的支持信（Endorsment）

AIPP 的門檻比前幾類都更低，但缺點是必須定居在人口較少及嚴寒的大西洋省份。

AIPP 計劃於 2017 年 3 月初正式實施，2018 年批出了 1,415 個，2019 年批了 4,140 個，2020 年因為疫情關係只批了 1,705 個。但移民部已將此計劃恆常化，每年名額增至 6,000 個以上。

（5）省提名企業家移民

聯邦政府幾年前取消了加拿大投資移民計劃，但鼓勵以開辦企業方式移民。如果還是覺得 SUV 門檻過高，加拿大各省也有一些較低門檻的創業移民計劃，但就不是一步到位的 PR 簽證。大部分是先拿 2 年工作簽證，符合簽證要求兩年後再申請永久居民。

以下介紹一個比較受歡迎的安大略省的企業家移民計劃 Ontario Immigrant Nominee Program （OINP） Entrepreneur Stream。
網址： https://www.ontario.ca/page/oinp-entrepreneur-stream

【OINP 申請程序】

① 安省企業家移民申請分為兩個階段：

第一階段：

A. 意向申請 EOI

B. 受到邀請遞交申請

C. 參加 OINP 到多倫多面試

D. 與安省政府簽署《商業營運協議》Performance Agreement

第二階段：

A. 安省簽發工作簽證支持信

B. 持工簽抵達安省在 20 個月內完成商業計劃

C. 投資通過 OINP 審核，遞交移民材料獲取安省提名信

D. 向聯邦申請加拿大永久居民

② 安省企業家移民對申請人的要求：

A. 經驗

- 在過去 60 個月內至少有 24 個月的全職商業經驗
- 具有的經驗必須是企業主或者高級經理（商業管理者）

B. 資產淨值

- 如果投資的業務位於大多倫多以內，至少擁有 CAD80 萬的淨資產
- 如果投資的業務位於大多倫多以外，至少擁有 CAD40 萬的淨資產
- 如果投資的業務屬於資訊及通訊科技／數碼通訊范疇，至少擁有 40 萬加幣淨資產

C. 投資額

- 個人投資必須用於建立和經營企業所必需的支出，但是不包括現金、現金等價物、流動資金或者支付給投資人及家庭成員的工資。
- 如果投資的業務位於大多倫多以內，至少要投資 CAD60 萬
- 如果投資的業務位於大多倫多以外，至少要投資 CAD20 萬
- 如果投資的業務屬於資訊及通訊科技／數碼通訊范疇，至少要投資 CAD20 萬

D. 其他要求

- 必須持續積極參與生意的運作和管理
- 必須至少持股不少於 3 分之 1
- 大多倫多以內的企業至少須創造 2 個永久全職工作職位，大多倫多以外及資訊及通訊科技／數碼通訊范疇的業務隻須創造 1 個
- 如果收購現有企業，必須在最近 1 年內訪問過安省
- 須提交一份商業計劃書，證明該企業是可行的，並可能為安省整體經濟或企業所在地的經濟提供物質經濟利益
- 申請人在被提名之前，語言達到 CLB 4（聽 5，讀 3.5，寫 4.0，説 4.0）或以上
- 建立業務期間，申請人 75%（每年 9 個月）的時間實際居住在安省
- 必須在持工簽抵達安省後的 20 個月內履行投資承諾，該承諾是基於商業計劃書中提供的資料。滿足工作簽證要求的條件包括該投資承諾後才可申請 PR

③ **申請人如直接收購現有企業，相關的要求是：**

- 購買之前的 60 個月內，現有企業必須由相同的擁有人持續經營（需所有權證明和購買業務的意向書或銷售協議）

- 購買之後，先前的擁有人不能保留企業的任何股份，必須 100% 地轉移出股份

- 所收購的企業不能由當前或以前的 OINP 商業移民提名者擁有或經營

第六章
英國

本章貨幣簡稱：英鎊 £

一.英國適合你嗎？

英國國民（海外）簽證（BNO 簽證）從 2021 年 1 月 31 日開始接受申請。合資格申請的 BNO 港人達 290 萬，連同家眷達 520 萬人。英國無疑是現在香港人最容易去，移民成本也最低的國家。但也有不少人舍易求難放棄去英國的機會，寧願多花錢申請其他國家。究竟英國是否適合你，本章幫你一一道來。

英國總人口	6,700 萬
倫敦	900 萬
大伯明翰	300 萬（伯明翰市 110 萬）
大曼徹斯特	280 萬（曼徹斯特市 55 萬）

雖然英國的人口比加拿大和澳洲加起來還多，但其第二、三大城市人口卻比加拿大和澳洲的第二、三大城市都少。倫敦的 GDP 就佔了全英的 22%。這些都說明了英國的重心在倫敦，其他英國城市只可算得上是世界的三線城市。加拿大和澳洲的第二、三大城市和本國最大城市相比毫不遜色，相反英國的其他城市與倫敦比較就相形見絀。

1. 英國主要城市比較

（1）倫敦 - 世界大都會

倫敦貴為世界大都會，自有其魅力所在。與香港相似，倫敦經濟蓬勃，繁華洋溢，紙醉金迷，五光十色，夜夜笙歌，公交四通八達，歷史歲月流金。但樓價也與香港一樣高得令人卻步，對許多人來說是高攀不起。

根據英國國家統計局顯示，倫敦平均房價接近 £50 萬。倫敦交通費比香港貴數倍，地鐵最低消費約 HK$20，生活壓力沉重。倫敦市中心經常塞車，地鐵、火車延誤嚴重。由於倫敦房價高昂，迫使大量在倫敦工作的上班族要到倫敦附近較易付負擔的地區居住，每天也因此花費大量的時間和金錢在交通上。

倫敦在全球宜居度的幾個排行榜一直不入 20 大，英國也無一城市入選世界級宜居城市之列。倫敦市內人口至今仍不斷往外遷徙，年輕家庭都傾向選擇離開首都地段屬於合適通勤距離內的城市。據 BBC 所指，搬遷家庭會選擇留在「大東南（The Greater South East）」區，即從修咸頓到米爾頓凱恩斯（Milton Keynes），並一直延伸到諾福克郡，這容許他們繼續在倫敦工作之餘，又不用住在倫敦。

（2）其他城市

除了倫敦，英國其他幾大城市生活成本就低很多。曼徹斯特最為港人熟悉的是兩支英超球隊曼聯和曼城。曼徹斯特被譽為英國北部的首都，城市生活步伐同樣急速。伯明翰為英國第二大城市，似乎沒有曼徹斯特般受歡迎。伯明翰位於英國的中央，是英國國內最多元化的城市之一。

布萊頓（Brighton）離倫敦一個多小時車程，有「倫敦海邊」之稱，是一座陽光比起倫敦充沛的度假小城。愛丁堡（Edinburgh）為蘇格蘭的首府，充滿文化氣息，適合喜歡悠閒步調的人。布里斯托（Bristol）擁有小倫敦的美譽，年輕且有活力，全年平均氣溫 14 度，氣候怡人。下表為英國各大城市比較：

	倫敦 (London)	伯明翰 (Birmingham)	曼徹斯特 (Manchester)	利物浦 (Liverpool)	愛丁堡 (Edinburgh)
人口	8,986,000	1,141,816	552,858	498,042	524,930
入息 中位數 （年薪/ 英鎊）	38,429	30,972	31,338	29,878	32,224
新盤售價	508,392	247,369	214,720	191,242	327,385
物業 平均售價	490,495	188,602	170,192	134,411	281,870

移民贏家指南

英國哈利法克斯銀行（Halifax）公布 2020 年《英國生活質素調查》，發現倫敦北面的東赫福郡（East Hertfordshire）取代去年的榜首蘇格蘭奧克尼群島（Orkney），成為英國最宜居地區。其他上榜的英國最宜居城市排名如下：

排名	郡／城市	地區
1	East Hertfordshire	East of England
2	Fareham	South East
3	Hart	South East
4	Horsham	South East
5	Maldon	East of England
6	Selby	Yorkshire and The Humber
7	Hambleton	Yorkshire and The Humber
8	Babergh	East of England
9	St Edmundsbury	East of England
10	Wokingham	South East
11	Ryedale	Yorkshire and The Humber
12	South Derbyshire	East Midlands
13	South Cambridgeshire	East of England
14	Tonbridge and Mailing	South East
15	Rugby	West Midlands
16	Runnymede	South East
17	Wychavon	West Midlands
18	Orkney Islands	Scotland
19	Woking	South East
20	Warwick	West Midlands
21	South Oxfordshire	South East
22	Rushcliffe	East Midlands
23	Huntingdonshire	East of England
24	Newark and Sherwood	East Midlands
25	Rushmoor	South East

2. 生活在英國

（1）氣候

英國天氣是最為人詬病的問題。氣候潮濕，屬於終年溫和多雨的溫帶海洋性氣候，冬季通常濕冷，降水持續時間長，降水強度小。冬天下午 4 點左右就天黑了，春季和夏季氣候相近，較為怡人。英國這種天氣會影響心情和戶外活動，所以打算去英國的話也要先了解和接受她的天氣。

（2）生活成本

據 Numbeo 的全球各大城市生活指數統計，倫敦的生活指數約為 79.82 左右，高於香港的 77（以紐約市為 100 基數）。倫敦的房價不比香港便宜多少，但英國的其他城市指數都在 64 以下，生活成本遠低於倫敦與香港。

英國國家統計局的報告顯示截至 2020 年 9 月，英格蘭平均房價為 £26.2 萬至 £35 萬不等，而倫敦平均房價創下 £50 萬的新紀錄。英國在 2021 年 3 月 31 日前，將住宅印花稅起征點從此前的 £12.5 萬提升至最高 £50 萬。英國財政部估計，90% 的房產買家因此而受益。這一措施公布後英國房價隨之水漲船高。

要計算英國生活成本，基本上可以將英國分為倫敦地區和倫敦周邊。倫敦除房價稍低於香港之外，其他大部分消費都不比香港便宜，倫敦周邊就平民化很多。正如本書第二章提及一家四口在英國小鎮生活的例子，其每月生活費折合港幣只是 8 千元左右。

（3）飲食選擇

英國是一個多元文化聚集地，你可以在這裡的異國餐廳吃到各式各樣美食。但很多華人也覺得英國沒有美食：單調、乏味、食材煮過頭、只吃炸魚薯條（Fish & Chips）。那就要看你跟甚麼地方去比較，如果是跟亞洲食物（港式、中式、日本料理、泰國菜、南洋菜）比，當真是不能比。不過如果是跟美國或歐洲大陸的食物比，肯定是比美國、德國、瑞士、奧地利、荷蘭等國好吃幾倍。當然這些都是很個人化的意見。

（4）工作機會

新移民初到英國，找工作不易。薪酬方面新畢業生還好，因為英國起薪點一般比香港高，但中層以上職位薪金就得打折。如果英文不是你第一語言也不是講得一口英國口音，很有可能你在英國的事業發展會有障礙，除非是技術專才。

英國人非常擅長外交辭令，無論工作間或社交場合説話都很得體，讓你感到舒服，但內心如何或背後如何則很難揣測。如果你懂社交技巧，會英式幽默（British Humor），EQ又夠高，更可在開心時段與上司同事飲杯冰凍啤酒，那你或許是職場生存之道的高手。英國的職場文化較多辦公室政治（Office Politics），愈高層愈要有過人的溝通技巧和處理人際衝突的能力。

在英國工作的好處，也與大部分西方國家一樣是工作與生活平衡。5點下班説走就走，無需OT，也無需在家還要覆Email。

（5）社會福利

英國的福利制度也頗為健全。小朋友在 5 歲至 16 歲期間要接受義務教育；公立學校普遍設有食堂，向學生提供低價午餐；大學教育本地生的學費也比外國學生低很多。

National Health Service（NHS）是英國的公共醫療體系。看病一般是先在居住地附近選擇一個家庭醫生 GP，他們一般是 NHS 在當地社區的醫生。到該處登記獲得一張 GP 的卡片之後，就被列入 NHS 的系統了。就診和買藥都不用錢，只是在藥房取藥時，每張藥方需付相應的處方費。但如果是 BNO 簽證，需要支付 5 年 NHS 費合共 £3,120，因此也是羊毛出在羊身上。

【其他的福利】

津貼種類	申請資格
兒童福利金	16 歲以下、16 歲至 18 歲仍在非高等教育機構就讀的兒童；無論你收入多少，只要你有照顧兒童的責任，你便有資格領取兒童福利金
家庭津貼	每星期至少工作 16 小時，收入低微，又需要照顧至少一名兒童的人
監護人津貼	負責照顧雙親去世的兒童，便有資格申請監護人津貼及兒童福利金
單親津貼	單親又要獨自照顧子女的人士，除兒童福利金外，這個津貼只支付給首名子女
孕婦津貼	沒有資格領取法定懷孕僱員工資的人，每周可獲 £44.55 津貼金
傷殘照料津貼	65 歲以上，需要受照料的傷殘人
工作意外傷殘福利	因工傷或工業性疾病不能工作的人
傷殘生活津貼	因患病和需要人照料的人士，如果申請人需要協助才能行走也有資格申請
傷殘工作津貼	為每周可至少工作 16 小時的人而設，申請人必須超過 16 歲並因患病或傷殘受影響
法定患病工資	患病一連 4 天或以上，為期不超過 28 周，申請僱員每周收入超過 £58，可獲法定患病工資為每周 £52.50
低收入補助金	18 歲以上，收入低於某個水準，每周工作不超過 16 小時；申請人必須有能力工作和積極求職
基本退休福利	超過退休年齡（女 60 以上，男 65 以上）及符合國民保險金條件的人士；要照顧未成年子女的人可獲其它福利
失業福利	每兩周支付 1 次福利金，為期 1 年；申請人必須有能力和積極求職並繳付足夠的第一類國民保險金

（6）營商環境

美國雜誌《福布斯》在 2019 年公布的《最適合經商的國家和地區》排行榜，英國高居全球第一。穆迪首席經濟學家 Mark Zandi 表示：「英國有全球化的經濟，無論是在貿易、投資、資本流動方面，或在移民方面均比全球多數經濟體都要開放。」

英國脫歐後，營商不明朗因素消失。經歷過嚴重的疫情衝擊後，英國的疫苗接種率領先全世界，對經濟改善都有正面作用。目前英國的公司稅是 19%，但到 2023 年將升至 25%，打算在英國做生意的朋友要留意。在英國開公司與香港一樣算是方便，租金也相對較低，但人工成本頗高，特別是低技術工種。英國最低工資由時薪 £4.15 至 £8.72 不等。

（7）教育

英國的教育全球數一數二，為世界留學生首選地之一。英國中小學主要分為私立和公立。英國私校部分會叫作公學（Public School），亦有稱 Private School 或 Independent School，是走精英路線，競爭激烈學費也高昂。

英國有兩千多所私立學校，大多數為聲名卓著、歷史悠久、設施齊全的學校。政府開辦的公立學校分為 State School 及 Grammer School 兩類，BNO 持有人 18 歲或以下子女可享政府學校的免費教育。State School 校網以地區劃分，必須出示地址證明（例如水或電費單）申請，英國約 9 成學生入讀此類學校。Grammer School 收生要求非常嚴格，要通過評核試才能入學。

另外還有 Academy School、Community School、Faith School 和 Free School 等，都屬於由政府資助的公立學校。Academy School 由地區自主管治，Community School 由地區教育部門掌管，Faith School 就由宗教團體主辦，Free School 就是有教無類的受資助非牟利中小學。全英還有 20 多間 State Boarding School 公立寄宿學校，是唯一為學生安排寄宿的政府學校，但學生必須向校方提供合理的寄宿理由，例如雙親都不在英國。

英國的大學水準僅次於美國，牛津劍橋與美國的長春騰大學聯盟（如哈佛耶魯）齊名。

英國學校重視學生的性格塑造，栽培他們發展各方面的潛能。英國教育也著重學生身心健康，主要有三個目標：第一，獲取新知識，擴闊視野；第二，多做運動，鍛鍊身體；第三，尋找學習樂趣，享受校園生活。

（8）政治與社會環境

英國民主制度成熟，社會自由開放。脫歐的爭議結束可以說是消除了一個定時炸彈，但蘇格蘭以至北愛爾蘭獨立運動有機會捲土重來，也給英國帶來潛在的政治隱憂。另外英國治安也是一個問題，據 Statista 數據，英國犯罪率為 9.6%，高於發達國家的平均水平。現時英國犯罪率在歐洲國家中排行第七，在歐洲治安最差的 3 個城市中，英國佔了 2 個，包括 Bradford 和 Birmingham 伯明翰。曼徹斯特和倫敦的犯罪率比巴黎還高。

小結

綜合而論，對持有 BNO 護照的港人來說，移民英國確實無難度。倫敦身為世界金融中心、國際大都會、擁有適合營商的條件，港人比較容易適應。英國教育世界一流，為眾多家庭子女留學首選。但英國生活壓力大（特別是倫敦），陰霾多雨的天氣影響心情，加上治安不佳，存在種族歧視，整體宜居度一般。

本書各國/ 地區宜居度評分 — 英國

	權重 %	評分（0-10分，10分為最理想）
氣候/ 自然災害	7%	2
生活成本	11%	3
飲食選擇	9%	6
就業機會	12%	7
福利	5%	9
營商環境	5%	8
教育	11%	10
醫療	9%	8
居住環境	6%	7
稅務負擔	6%	3
民主自由度	7%	10
治安	6%	5
社會穩定性	6%	6
整體宜居度	100%	6.5

二. 怎樣移民英國？

如果你有 BNO，移民英國極為簡單上網也很容易找到申請方法，本書不在這裡重複。

如果沒有 BNO，以下介紹幾種可行的申請途徑：

1. 投資移民（Tier 1）

投資金額要求：
* 至少 £200 萬，5 年後滿足居住要求才可申請永居，或
* 至少 £500 萬，居住要求減至 3 年，或
* 至少 £1,000 萬，居住要求減至 2 年

2. 工作簽證（Tier 2）

* 獲符合資格的僱主聘請和擔保
* 簽證有效期：5 年 14 天

3. 初創簽證（Start-up Visa）

須獲得由政府指定機構發出的擔保信（Endorsement Letter）及是有創意的商業計劃。這個簽證只可獲得 2 年在英國居留，不能續簽。如果擔保機構取消擔保，你的簽證會隨時被取消。兩年簽證到期後可轉為創新者簽證（Innovator Visa），但同樣要取得擔保信。這個簽證不能申請永居，要 2 年後申請轉創新者簽證，再住滿居留年期才有資格申請永居。

4. 創新者簽證（Innovator Visa）

同樣要求有當地指定機構擔保信，要有£5萬以上的資金（以每人計）。這個簽證有效期限3年，之後如果滿足條件可再續3年，只要住滿5年可申請永居；但如果擔保機構取消擔保，你的簽證會隨時被取消。

投資移民簽證金額要求頗高，而且要投資在指定的資產類別，還要等幾年才可獲得永居，吸引力不大。

至於初創或創新者簽證是以前Tier 1企業家簽證的改良版。表面上金額要求降低了，其實是變相收緊了。因為之前的企業家簽證無需認可機構的擔保信，滿足資金要求及有完整的商業計劃便可。現在加入指定創業孵化器計劃或投資公司擔保是最難的一關，也最花時間。

大部分此類機構都只對入選他們投資項目的企業提供這項服務。找到機構擔保本身就是一個頗高的門檻，除非你的初創項目很吸引投資者。而且這兩個簽證風險很大，擔保一被取消簽證也要被取消，特別是初創簽證只是一個過渡簽證，本身不能申請永居或入籍，兩年後是否能換到創新者簽證（Innovator Visa）也存在很大的變數。

要申請成為英國永久居民，通常要以合法移民身份在英國住滿5年。要成為英國公民，通常要取得永久居民身份後在英國住滿1年；這也是為甚麼BNO簽證要5+1才可入籍的原因。

第七章
美國

本章貨幣簡稱：美元 USD

一．美國適合你嗎？

相信讀者對美國都相當熟悉，本書也不需要花太多章節介紹了，主要集中討論美國是否適合你。

【生活在美國】

（1）氣候

美國橫跨溫帶與亞熱帶，北部近五大湖區冬天漫長且嚴寒，南部則氣候溫暖怡人。移民熱門地區以加州洛杉磯及南加州、佛羅里達州、邁阿密及德州等地的天氣最為舒服。

（2）生活成本

美國各大城市生活成本差異很大，據 Numbeo 的 2021 年生活成本指數三藩市和紐約市生活指數最高（紐約市為 100 基數，三藩市為 100.99），其次為加州的奧克蘭（86.98）和波士頓（83.64），檀香山、華盛頓、聖荷西、洛杉磯等城市的生活成本都高於香港。當然香港的房價仍然是世界第一難負擔，即使美國最貴的紐約與加州房價也還與香港有一段距離。所以如果能負擔得到香港的房價，其他地方都是小菜一碟。

（3）飲食選擇

筆者過往經常到美國不同的城市出差，啃美國餐是一大苦事。我認為美國只有紐約及加州等亞洲人聚居多的地方，才比較多合香港人口味的食物選擇；其他地方要不就是漢堡包和美式快餐，或是 Pizza 加可樂，或是炸雞、炸魚、炸薯條。出差吃得最多的是早餐幾塊石頭一樣硬的面包，午餐一包薯片加冰凍的三文治，晚餐是分量大到永遠都吃不完的牛扒。不少中餐也是美式口味和老式經營，又或者要驅車一段路才找到一間稍為可以接受的餐廳。若不是在那幾個華人較多的大城市生活，在美國可以用「冇啖好食」來形容，天天啃那些 Junk Food 真是沒甚麼人生樂趣。

（4）工作機會

工作機會和發展前景是移民去美國的主要好處。美國跨國大公司多，市場夠大，發展和晉升機會也充足。關鍵是要說得一口流利的英語，最好能跟上美國腔，要有溝通技巧、懂得處理人際關係、勇於表達自己的意見，那你就可以掌握到美國職場的成功之道。

美國的教育十分注重互動和表達能力，美國人自小就在學校訓練演講、小組或課堂討論及領導技巧，所以大部分美國人說話都頭頭是道，出口成章。在公司裡開會，大部分美國的同事都爭先發言，一講就滔滔不絕。美國的工作文化，常常根據一個人的說話水平來判斷其是否領袖之才。很多美國人憑口才及自信心就能獲得賞識，晉升高位，至於他是否真有能力反而是次要考慮。開會時間就是展現他們口才和辯論能力的大好機會，10分鐘講完的話題他們可以講半個鐘。所以美國公司有永遠開不完的會、辯不完的議題、無法達得到的共識，和懸而不決的方案。

美國的自由開放文化也允許下屬挑戰上級的意見，會議桌上火花四射，直接交鋒的現象也頗為常見，事後各人也可繼續合作而不心存芥蒂。因此美國及美國公司是否適合你，就要視乎你的表達能力和會不會玩這個遊戲規則。

（5）社會福利

與其他歐洲國家相比，美國的福利並不算多。美國中小學義務教育和公立大學本地生只交本地學費，這些福利與英澳加大同小異。其他就包括殘障福利、住房補助、失業補助等等。值得一提的是退休福利，只要累計有 10 年交稅記錄後，便可在 65 歲退休後終身領取聯邦退休金。對很多移民來講，領取退休金的年數比交稅工作的年數要多。

在美國出生的小朋友都直接取得美國公民身份，也造就了很多華人去美國產子。

和大部分西方國家不同，美國沒有公立醫療和免費看病的福利。醫療問題一直是每次美國總統選舉候選人互相攻擊的關鍵議題。美國人有病痛，第一選擇不是去看醫生，而是選擇去鄰近的 CVS 或 Walgreens 等連鎖零售藥店買藥。原因不外乎因為在美國看病，除了急症室或緊急照護外，若前往小型門診或是大型醫院看病都得提前幾星期預約，而且要有醫療保險及自付部分診金。美國醫療保險制度與香港類似，如有工作可選擇加入由僱主提供的醫療保單或自行加入所費不菲第三方醫療保險。但美國沒有公營醫療福利，醫療費又高，一般美國人都是「病不起」。

（6）營商環境

美國的公司利得稅稅率在上任總統特朗普年代降至 21%，但現任總統拜登卻計劃將稅率提高至 28%。各行各業在疫情的打擊之下都大受影響，但聯儲局的大印鈔票的量化寬鬆政策某程度上加快了經濟復甦的步伐。在美國做生意優點是市場大，初創或中小企融資渠道充足，大學及科研力量強勁，易吸引全球人才。要做環球生意，進入美國市場是必不可少。但如果是純電子商務公司或在全美各個州都開展業務，你可能需要考慮以較低的稅收負擔的州進行公司註冊。比如特拉華州和內華達州是兩大避稅州。特拉華州不需要公司有實體地址或銀行賬戶，公司不需要繳納國家和地方銷售稅。內華達州沒有公司所得稅、銷售稅等。

高收入人士最怕美國的全球徵稅；只要你是美國公民或永久居民，即使不在美國居住，你在全球的收入也要繳美國稅，這與其他國家的稅務居民概念不同。所以在申請美國護照或綠卡之前最好想清楚是否可以接受全球收入及資產交稅。

（7） 教育

U.S.News 發布的 2019 年全球教育最佳國家排行榜，美國排名第二。在美國 16-18 歲之前必須在學校就讀。許多州要求必須讀到 18 歲，有些州只規定就讀到 14 歲。在美國成年人口中，有 85% 達到中學畢業，27% 獲得學士學位以上學歷。15 歲以上人口的識字率為 98%。美國的活動教學大大增加小朋友的學習興趣，小朋友無須多做功課亦沒有課本，但代價是可能基礎例如讀寫和數學能力不及亞洲學生。

美國最強的是大學，全球最佳的 10 所大學中就有 8 間在美國（Times Higher Education World University Rankings 2021）。美國大學是博雅教育（Liberal Arts Education），大學初段讓學生接觸各學術領域，培養廣博的思考能力。後段才選主修但轉換主修也相當具有彈性，力求讓學生有更多時間發掘自己擅長或喜愛的領域。大學的課堂氣氛開放，學生可以自由為自己的觀點提出論證、參與課堂討論和進行口頭報告。美國另一重要教育價值是平等機會，目標是為每個學生都有可達到自己的潛力。

（8） 政治與社會環境

美國政治制度大家應該也在不同渠道有一定的認識，本書不再贅述。有意移民美國的朋友可能更多關注其治安問題，因為美國常有校園槍擊案及恐襲事件。但美國地大物博且人口高達 4 億，算上人均美國的治安也沒有媒體報道得那麼恐怖。惟近來美國種族歧視問題有惡化之趨勢，政治對立問題也日趨嚴重，針對美國的恐怖主義和軍事衝突危機重重，均是美國社會穩定性之隱患。

小結

總體而言，美國比較適合以下幾類人移民：

- 立志做大事的人，包括要在跨國大公司有進一步事業發展，或自己做生意要拓展北美市場的人
- 跨國公司願意調你過美國和有公司幫你作擔保的管理或專業人士
- 有意到美國科研機構或科技公司發展的科技專才
- 有意到美國市場融資的創業者
- 有親屬在美國的人
- 要將子女送到最強大學的家庭

本書各國／地區宜居度評分 — 美國

	權重 %	評分（0-10分，10分為最理想）
氣候／自然災害	7%	7
生活成本	11%	3
飲食選擇	9%	7
就業機會	12%	9
福利	5%	5
營商環境	5%	9
教育	11%	10
醫療	9%	4
居住環境	6%	8
稅務負擔	6%	3
民主自由度	7%	9
治安	6%	5
社會穩定性	6%	6
整體宜居度	100%	6.6

二. 怎樣移民美國？

相比其他的熱門移民國家，可能你會留意到移民美國的宣傳廣告不怎麼多，也不常聽到身邊很多人說要移民美國。原因不是美國不受歡迎，而是可以移民美國的途徑不多。美國沒有類似澳洲和加拿大的計分技術移民計劃，投資移民審批時間也頗漫長，一般人可以移民美國主要是靠親屬或公司擔保。這也是為甚麼特朗普執政時大力主張修改移民政策的原因。

以下是幾個較常用的移民簽證：

1. 工作移民

美國工作移民簽證可分為4種，包括特殊技能人才移民、高學歷移民等，以下括弧內數字代表其優先次序。

第一優先（EB-1）：傑出人才移民，主要在科學、藝術、教育、商業、體育領域，如教授、研究人員（EB1B）或跨國公司主管（EB1C）等。如果是教學／研究領域的，申請人至少有3年以上的研究經驗，並且符合六項標準中至少兩項，證明申請人的研究成果有國際的影響力。如果是跨國企業高管／經理人申請移民，那麼需要美國公司在海外有關聯企業，並且申請人在海外關聯公司至少任職1年以上的高管／經理人職位。

第二優先（EB-2）：針對高學歷的人才或專業人士，在美國就讀本科或碩士，且經過美國僱主遞交即可。

第三優先（EB-3）：有兩年或以上工作經驗的技術勞工、初級專業人員，以及非技術類勞工（需得到僱主擔保）即可申請。

第四優先（EB-4）：特殊移民，如任牧師或其他與宗教相關工作。

2. 投資移民

投資移民簽證計劃（EB-5）對申請人無任何年齡、學歷、語言、背景限制，投資者需投資 USD90 萬到目標就業地區，或 USD180 萬到非目標就業地區，並創造 10 個就業崗位。

申請人、配偶與 21 歲以下的未婚子女可同時獲得綠卡，與當地居民一樣享有教育福利，並可就業，在取得綠卡 5 年後可獲美國公民身份，此簽證計劃每年限額為 1 萬個。

不過，有關移民簽證排隊輪候頗長。如果是中國內地出生，簽證審批排期需超過 10 年，若是香港出生排期也要在 2 年以上。

3. 親屬移民

移民美國，最直接的方式，莫過於有親戚。這裡頭包括已經有血緣關係的親戚，或者通過婚姻關係後天創造的親戚。美國移民法根據提交申請人是否為美國公民，以及親屬關係的親疏遠近，把不同的親屬關係分了類別，給與不同的待遇。最近的關係包括父母對子女以及配偶之間，最遠的包括兄弟姊妹。由於親屬移民，對於申請人本身沒有特別要求，所以申請人數眾多。由美國對來自全球的移民每年有配額限制，所以部分類別的等待時間很長。如以兄弟姊妹關係申請，等待時間可以長達 10 年以上。

美國配偶移民（IR1／CR1），意即美國公民的丈夫或妻子可以直系親屬移民，結婚未滿兩年者，只能申請 CR1 簽證，取得有條件限制綠卡；結婚滿 2 年者，可申請 IR1 簽證，直接取得 10 年綠卡；至於美國公民的子女，年齡在 21 歲以下且未婚者，則需另外申請 IR2 或 CR1 簽證。如果是美國公民的未婚配偶，則需申請未婚配偶簽證（K1）。

4. 抽籤移民
（Diversity Visa Program, DV）

若不符合以上所有條件，不必灰心，美國還有一個全球獨一無二的移民大抽獎「多元化移民簽證」（Diversity Immigrant Visa），旨在吸引合資格的人士移民到美國，在當地工作和生活。計劃的費用全免，只是每年隨機抽出 50,000 位幸運兒。而申請條件亦很簡單，只需要具備高中或同等的學歷，又或過去 5 年內有 2 年的工作經驗都能申請。該計劃只開放給移民到美國人數相對少的地方，自港區國安法推出之後，香港、澳門也與中國大陸一樣，如在當地出生則不符合資格申請，但在台灣出生則不受影響。這個抽籤碰運氣移民計劃有點不可思議，特朗普在任時一直想取消，即管來看看這項簽證還能維持多久。

第八章
愛爾蘭

Wealthskey 提供
愛爾蘭投資移民 IIP 和創業移民 STEP 的移民服務
請 email: admin@wealthskey.com
由本書作者親自跟進

本章貨幣簡稱：歐元　€　美元　USD　港幣　HK$

一. 愛爾蘭適合你嗎？

愛爾蘭是歐元區少數的英語國家之一（另一個是小國馬爾他），人口接近 5 百萬，比香港少，但面積 7 萬平方公里，是香港的 70 倍。據世界銀行 2019 年的數據，愛爾蘭人均 GDP 為 USD7.8 萬，全球排名第五，高於美、加、澳、紐、英，以及香港和新加坡，為全球最富裕的國家之一。愛爾蘭連續 5 年榮登歐盟經濟發展榜首，2018 年的 GDP 增長率達到 8.2%，比中國還高；2019 年的 GDP 增長也有 5.5%，足以令大部分發達國家羨慕。愛爾蘭 2018 年移民淨增長 3.4 萬人，大多數都是高技術人才。

英國脫歐，愛爾蘭公民身分瞬間變成鑽石級珍品，原因為愛爾蘭是歐盟成員國，護照持有人可在歐盟區內定居、工作、讀書等。但愛爾蘭與英國有特殊的關係（類似澳洲與新西蘭一樣），同屬 Common Travel Area，因此英國脫歐後不影響兩國公民繼續享有脫歐前的權利，包括定居、工作、讀書甚至投票權，都繼續互相在對方國家享有國民待遇。以下為英國政府網頁原話：

The Common Travel Area (CTA) is a long-standing arrangement between the UK, the Crown Dependencies (Bailiwick of Jersey, Bailiwick of Guernsey and the Isle of Man) and Ireland that pre-dates both British and Irish membership of the EU and is not dependent on it.

Under the CTA, British and Irish citizens can move freely and reside in either jurisdiction and enjoy associated rights and privileges, including the right to work, study and vote in certain elections, as well as to access social welfare benefits and health services.

資料來源：https://www.gov.uk/government/publications/common-travel-area-guidance

這個安排令愛爾蘭成為歐盟成員國中唯一不受脫歐影響的國家，拿著愛爾蘭護照仍可在英國自由定居。有國際組織以各國護照可以免簽證去多少國家入境作排名，從而得出獲免簽愈多的護照含金量愈高的結論。這點筆者不敢苟同，獲免簽證去旅遊的價值遠不如獲另一個國家國民待遇高。

愛爾蘭護照可同時享受英國以及歐盟共 28 個國家定居、工作、讀書等國民福利，全球無任何國家可以媲美，從這個角度去衡量愛爾蘭護照才是全球「含金量」最高。特別是當你有子女要去愛爾蘭、英國或歐盟地區升讀大學，由於只需付本地生的學費，其學費 1 年便可節省約 HK$10 萬元以上，包括愛爾蘭在內多個歐盟國家，例如法國、德國、意大利等公立大學是接近免費，這個福利絕對是英國、美加、澳紐等國家無法媲美。

以上這些都是身份認受性上的好處，事實上愛爾蘭又是否這樣完美呢？筆者 2019 年曾在愛爾蘭經營生意並取得了居留權，生活過一段時間之後有了一個全面的體驗。先由最基本的範疇講起。

1. 來愛爾蘭在哪落腳？

不少打算去愛爾蘭的人也有這個問題，在愛爾蘭哪個城市定居好？

（1）都柏林（Dublin）

首都和第一大城市都柏林是大部分人最熟悉的地方。這是愛爾蘭的政治、經濟和文化中心，人口 120 萬，工作機會也相對多一些。但都柏林的問題是樓價貴（當然相對香港來説絕對不貴），市區常塞車。都柏林分成 24 個郵區，地域分散但道路規劃不夠現代化以至快速公路不夠多和太多紅綠燈位，對駕駛人士來説是相當不便。

（2）科克（Cork）

第二大城市科克人口只有 40 萬左右，近來經濟發展迅速，被喻為愛爾蘭增長最快的城市。科克的房價比便宜，也有很多跨國大公司總部。例如全球 500 強的美國企業 Johnson Controls 在 2016 年將全球總部由美國搬至科克，蘋果公司也在當地聘有 6 千員工。都柏林和科克以外的城市華人不多，港式飲食選擇少。

2. 生活在愛爾蘭

（1）氣候

愛爾蘭屬於海洋性氣候，多雨且天氣變化大，冬天較冷但也不至於很冷。氣候與英國接近，下雨天數多、雨量強度不大。這種濕冷下雨的天氣，是影響宜居度的一大問題。

（2）生活成本

與歐洲其他地方一樣，愛爾蘭的生活成本較高。除房價外基本生活開支都比香港貴。當然樓價對香港人來說是相當吸引，據愛爾蘭的地產網站 Daft 統計，2019 年都柏林的平均房價是€ 39 萬，科克是€ 28 萬，而第三大城市高威 Galway 是€ 30 萬。這裡指的房屋，大部分都是有前、後花園，佔地過千呎的平房。其房價和居住條件，對香港人來講簡直是天堂，也會抵銷其他生活成本高的壓力。對比其他熱門移民國家的主要大城市，例如加拿大、澳洲、美國、英國等，愛爾蘭大城市的房價是相對吸引的。

其他生活開支就很高，特別是公共交通。巴士、的士、火車的車資都高於香港幾倍甚至到 10 倍，超市肉菜等食品價格也頗貴。蔬菜種類少、價錢甚或貴過肉類，大米的價錢比香港貴幾倍。除樓價外，在愛爾蘭生活的成本都要比加拿大和澳洲高。

銀行服務也與香港有天淵之別。愛爾蘭特別保護本地銀行，小存戶基本上沒有國際銀行的選擇，因此不少基本的銀行服務都要收費。

(3) 飲食選擇

由於愛爾蘭的華人特別是香港人相對不多,華人尤其是港式飲食選擇很少。都柏林稍微好一點,到都柏林以外就選擇更少了。外出用餐開支也頗大。

(4) 工作機會

經濟是愛爾蘭的一大賣點。愛爾蘭的失業率是歐洲最低的國家之一。愛爾蘭近年致力推動高科技產業,資訊科技、生物科技、醫療產業等都具全球領先地位。10 大全球科技公司中有 9 家在愛爾蘭開設業務和研發基地,包括 Microsoft、Google、Apple、Facebook 等,因而愛爾蘭成為世界第二大軟件出口國。

愛爾蘭也是世界領先的藥品出口國,世界前 10 大製藥公司有 9 家在愛爾蘭有投資,奠定了愛爾蘭在世界製藥行業中不可或缺的地位,也成為歐洲第二大醫療技術產品出口國。

根據愛爾蘭投資發展局(IDA)統計,目前有 1,200 多家大中型海外企業在愛爾蘭設立分支機構,帶動本土企業發展,形成了資訊科技、生物製藥、金融服務、互聯網、工程和商業服務和航空融資租賃等多個產業鏈。愛爾蘭美國商會曾表示,美國在愛爾蘭的投資已創歷史新高。目前有超過 700 家美國公司在愛爾蘭投資,僱佣人數達到 16 萬人。無論是都柏林還是科克,單看租房供不應求的狀況,就可判斷愛爾蘭是一個工作熱點,吸引到大量外國人來愛爾蘭找工作。

愛爾蘭

（5）社會福利

新移民在入籍前不能享受失業救濟金福利，但可以享受不少其他社會福利包括小朋友免費在政府的中、小學讀書。愛爾蘭的各種社會福利開支約佔政府經常性開支 4 分之 1，人均超過英、法、德等國。愛爾蘭真正做到福利體系從搖籃到墳墓的全覆蓋。

① 醫療福利

在愛爾蘭憑借醫療卡或家庭醫生訪問卡，病人均可免費享受家庭醫生服務。如果家庭醫生推介到公立醫院就診，每次費用為 € 40 至 60，但符合條件的病人可免費。同時，醫療卡或家庭醫生訪問卡的持卡人，還享有免費的社區服務、牙醫服務、經批准的處方藥費用、醫院護理以及一系列其它福利。

愛爾蘭居民還可以免費申請歐盟醫療保險卡，在臨時滯留任何歐盟國家以及瑞士、冰島、列支敦士登和挪威過程中生病或受傷時，享受這些國家的醫療服務。

② 工作相關的福利

歐盟成員國公民在歐盟任何一個國家工作，均享有與其國民同等的社會福利的權利。

③ 求職者福利金

如果之前有繳納社會保險，失業人士有資格申請求職者福利金或救濟金。如果之前沒有交社會保險，則可以申請求職者津貼。

④ 工傷福利

因工作中出現意外或由於所從事的工種而患某種疾病而不適合工作，可申請工傷福利或疾病福利金。

⑤ **租金補助**

如果收入低無法支付住屋租金，可以申請租金補助。

⑥ **小朋友補助**

愛爾蘭政府為未滿 18 歲的公民的小朋友提供每人每月 € 140 的補助金。

⑦ **養老福利**

這一項只適用已入籍的愛爾蘭公民，福利包括養老金、養老保健和獨居津貼。

（6）營商環境

根據 2019 年《福布斯》公布的《最適合經商的國家和地區》排名，愛爾蘭排名第十一位。愛爾蘭公司利得稅只是 12.5%，比香港還低，不少跨國大企業為享受低稅率的好處將總部遷移到愛爾蘭。愛爾蘭也非常 Startup Friendly，對於新成立的企業，首 3 年免收企業稅。政府也對扶持行業的初創企業提供很多資助。因此愛爾蘭是歐洲其中一個最適合創業的地方。但當然這些也是紙上談兵的好處，筆者到愛爾蘭開公司就遇到很多問題，單開一個銀行戶口就超麻煩，報稅頗為繁複，政府辦事效率低，部門各自為政，特別是在疫情之下十問九不答。

（7）教育

愛爾蘭政府投入大量資源在教育上。中小學分公立與私校，但私校的學費 1 年也才是€ 5,000。每所學校都設施齊全、環境優美、校園廣闊，個別私立中學的佔地面積可比得上香港大學。

愛爾蘭的小學叫 National School，包括學前教育兩年，小學教育 6 年，學生通常 12 歲開始入讀中學。中學頭 3 年為基礎教育，完成後取得 Junior Certificate，然後第四年是 Transition Year，以學生的興趣和愛好為學習課程，沒有正式考試。最後兩年是為進入大學鋪路，完成後取得 Leaving Certificate。中學六年學生要一直學習英語和數學，以及其它選修課，例如：藝術、語言、科學、繪畫、木工等，還要學一門外語例如法文或德文。

愛爾蘭的高等教育由 7 所大學、14 所技術研究院以及 5 所教育培訓學院構成。愛爾蘭公民讀大學接近免費。如果還未成為公民，但為 Stamp 4 持有者並在申請入學前在愛爾蘭住滿 3 年，也可享受與歐盟學生同等減免學費待遇（學費為國際留學生的 3 分之 1 至 2 分之 1）。例如最高學府聖三一學院 Trinity College 非歐盟學生的研究專業 1 年學費是 € 17,698，歐盟學生的學費僅需€ 5,809。

（8）治安與社會環境

愛爾蘭自由開放，政治穩定和治安良好。在愛爾蘭生活基本上很安全。之前北愛有愛爾蘭共和軍問題現在經已解決，唯英國脫歐會否令北愛和愛爾蘭重新觸發統一運動將拭目以待。

小結

如果單看推廣愛爾蘭的宣傳，愛爾蘭確是吸引。首先護照最值錢，其次就業機會高，小朋友既可接受英式教育而性價比又優於英國。愛爾蘭人也很友善，據報愛爾蘭是全球最友善的國家之一，在這裡筆者基本感受不到甚麼種族歧視。

但是，住了一段時間後，你會發覺愛爾蘭並不怎麼宜居。不像澳洲、加拿大和歐洲其他國家，愛爾蘭的城市算不上是花園城市，城市規劃和房子均較老化。與英國一樣，愛爾蘭的天氣會影響心情。與歐洲一樣，愛爾蘭的衣食住行基本生活成本頗高，唯一是住屋開支低於香港。

最大的問題是在愛爾蘭辦事難，單是開個人銀行戶口筆者就花了 3 個月。因為申請賬戶一定要出示水電煤等地址證明，沒有銀行戶口你很難可以買樓或租樓，這就變成雞與雞蛋的問題。愛爾蘭人做事基本上很散漫，你的電話資料可以放心交給地產經紀，因為他們從來不會主動打電話找你。你要完成一筆交易必須比中介、律師樓等緊張 10 倍。聯絡政府部門也很難，特別是疫情期間大部分電郵通訊都會石沉大海。筆者獲批愛爾蘭居留權入境後，必須要到相關政府機構辦理身份證申請手續；但網上預約申請又永遠預約不到，只要一天未拿到身份證和移民部門在護照上蓋章確認居留簽證，一天還是遊客身份。結果在再三催促下差不多 3 個月免簽入境到期前，我才正式由旅客身份轉為居民身份。

因此在愛爾蘭居住你必須要有耐性，也必須要不斷跟進，否則任何事情都不會有進展。

本書各國/ 地區宜居度評分 — 愛爾蘭

	權重%	評分（0-10分，10分為最理想）
氣候/ 自然災害	7%	2
生活成本	11%	3
飲食選擇	9%	5
就業機會	12%	8
福利	5%	9
營商環境	5%	7
教育	11%	9
醫療	9%	8
居住環境	6%	4
稅務負擔	6%	3
民主自由度	7%	10
治安	6%	8
社會穩定性	6%	8
整體宜居度	100%	6.5

二. 怎樣移民愛爾蘭？

愛爾蘭因為人口少，不是移民大國，每年吸納的移民數量不多。因此移民愛爾蘭的門檻一點也不低，途徑也不多。愛爾蘭居留簽證類別分為以下幾類：

居留簽證類別	
Stamp 1	工作或營商簽證
Stamp 2	學生簽證
Stamp 3	有條件居留簽證（不可工作或做生意）
Stamp 4	有年限居留簽證 （其他限制不多，相當於愛爾蘭居民身份）
Stamp 5	無時間限制居留簽證（相當於永居）
Stamp 6	愛爾蘭公民但具雙重國籍

1. 永居權

要獲得愛爾蘭公民身份（即取得愛爾蘭護照），必須在 9 年內在愛爾蘭居住滿 5 年。愛爾蘭比較特別的是其永居權要求的居住年期比入籍還長，如果不申請入籍要住滿 8 年才可取得永居權。

愛爾蘭

2. 投資移民
Immigrant Investor Programme（IIP）

投資移民 Immigrant Investor Programme（IIP）的要求是投資者最少有€ 200 萬的淨資產，投資€ 100 萬在愛爾蘭初創或現有企業或指定基金並至少投資 3 年，或投資€ 200 萬於愛爾蘭上市的房產信託基金（REITS）3 年至 5 年，或捐贈€ 50 萬予慈善機構。在這個計劃下投資者和家人都會獲得 Stamp 4 的兩年簽證，讓你和家人合法居留愛爾蘭。如是投資移民可以允許每年入境 1 次，以保留 Stamp 4 之簽證，兩年後如果符合簽証條件再續簽 3 年，然後再每 5 年續簽一次（即 2+3+5++）。要保留這個簽證必須保留投資最少 3 年，或一次性的捐贈，和每年最少入境一次且每次最少停留一天。此乃歐盟國家同類簽證中對居住要求最寬鬆的，最適合只想保證一個長期有效的居留權又不打算短期內移居的高資產淨值人士。如有子女在愛爾蘭讀書投資者還可獲€ 5 萬的投資折扣用於教育開支。簽證持有人可有最高彈性的移居時間，住滿 5 年可申請愛爾蘭護照。

選擇	投資移民要求
1	投資€ 100 萬於愛爾蘭初創或現有企業或指定基金，投資期至少 3 年
2	投資€ 200 萬於愛爾蘭上市的房產信託基金（REITS）3 年至 5 年
3	捐贈€ 50 萬予慈善機構

3. 創業移民
Start-up Entrepreneur Programme (STEP)

另一個簽證選擇是申請創業移民（STEP）在愛爾蘭開公司創業。要求是有€ 5 萬資金，從事創新性行業。

第九章
新加坡

本章貨幣簡稱： 新加坡元 | SGD | 美元 | USD | 港幣 | HK$

一 . 新加坡適合你嗎？

新加坡人口約 570 萬人，面積約 720 平方公里，人口密度僅低於澳門和摩納哥。新加坡人口是香港的 76%，面積也大約是香港的 7 成，但新加坡解決居住問題比香港好很多。原因除了新加坡的公共房屋政策非常成功之外，也和新加坡大部分土地為平地、可用土地面積比例高於香港等因素有關。

據世界銀行 2019 年的數據，新加坡人均 GDP 為 USD6.5 萬，全球排名第九。整體上，新加坡是亞洲最宜居的城市之一。當地罪案率低、有花園城市之稱、居住環境優良、教育水準高、政局穩定、美食選擇多、就業機會好，但生活成本高、政治上實行威權制度、自由受限制、子女讀書會學得滿口「星式英語」（Singlish）等。新加坡公共交通發達，但同香港比較則不及香港方便。地鐵和巴士等車時間較長，的士服務更是頗令游客垢病，司機會挑客也會拒載，繁忙時間很難搭到的士。

【生活在新加坡】

（1）氣候

新加坡位處熱帶，全年都是夏季。白天烈日當空天氣會很炎熱，但晚上相對涼爽，沒有香港的夏天那麼難受。

（2）生活成本

據英國經濟學人智庫（The Economist Intelligence Unit）公布 2019 年《全球生活成本調查報告》結果顯示，新加坡、香港和巴黎首次共同成為全球生活成本最高的城市，3 個城市的生活成本比美國紐約高出 7%，而新加坡已連續 6 年位居榜首。除樓價比香港便宜外，其他不少基本生活開支都高於香港。

（3）工作機會

新加坡頗受跨國公司歡迎，不少亞太總部都選在新加坡。在新加坡找工作一般不成問題，而且很多亞太區管理職位。德意志銀行 2019 年報告顯示，新加坡個人的稅後平均月薪是 USD2,900（註：香港為 USD2,399）。但新加坡公積金供款較高，55 歲以下僱員供款佔入息的 20%，而僱主供款則為僱員入息的 17%，合共供款率高達 37%。隨著僱員年齡增至 65 歲或以上，僱主及僱員的合共供款比率會下降至 12.5%。

（4）社會福利

現時約有 82% 新加坡人口居住在由新加坡建屋發展局（Housing and Development Board，HDB）營建的政府組屋。一套二手的 4 房組屋（3 間睡房）售價大約在 HK\$300 至 400 萬，但必須是永久居民或公民才可申請組屋，而且永久居民只能買二手。

新加坡不算是高福利國家，因為和香港一樣奉行低稅制。很多的福利都是取自國民自己的公積金戶口。相比香港來説，最大的福利就是解決了大部分新加坡人居住問題的政府組屋。組屋的質素相對不錯，比香港的公屋人道化很多也大很多。但相比其他國家，呎價港幣約 3、4 千元的組屋也不能算是廉價房。

（5）　營商環境

根據《福布斯》2019 年公布的《最適合經商的國家和地區》排行榜，新加坡排名全球第八。目前新加坡公司所得稅率僅為 17%，而根據世界銀行數據顯示，新加坡稅賦世界排名為第七輕的國家。然而，新加坡營商的成本也很高，除租金外其他成本都不比香港低。

（6） 教育

新加坡的教育與香港相似，學校競爭大、學生壓力也大。新加坡的大專院校也和香港一樣，水準頗高。其中，新加坡國立大學及南洋理工大學都是亞洲著名學府，新加坡國立大學更是多年排名亞洲第一。

如果你打算讓子女在新加坡讀書，則要留意一個問題，就是孩子可能會學到滿口「星式英語」（Singlish）。新加坡人雖然能說多種語言，但基本上每一種語言都說得不標準。而且都是夾雜多種方言，例如福建話、潮洲話、海南話等，大部分新加坡人說話都是「參參的」，即夾雜著不同語言（方言）。英文口音也「怪怪的」。即使讀國際學校，上到街上也離不開 Singlish。當然新加坡人可能覺得「ok lah」，但 Singlish 還是很難登上大雅之堂「lah」。

另外，新加坡也很鼓勵學華語，但新加坡的中文水準也難以用正統來形容，當然如果只要求可以日常溝通則沒問題。

（7） 治安與社會環境

新加坡雖有民主選舉，但自由度不高，傳媒基本上由政府壟斷。國民沒有示威游行、罷工罷課的權利。但新加坡是全球最安全的地方之一，治安良好，社會穩定。

小結

作為一個移民過來人，我很珍惜新加坡的經歷，特別是入讀新加坡國立大學的機會，更可以說是改變了我的一生。對這個選擇我一點也不後悔，但到了人生的另一個階段，新加坡就未必是我首選。如果是要在這裡工作、開拓事業或者做生意，那麼 OK lah。至於讓子女升學的話，新加坡不是最佳選擇。居住方面，生活壓力很大而且不太自由。當然各人喜好不同，有人很推崇新加坡，也有人不喜歡。這都是很主觀的，沒有一套標準。

本書各國/ 地區宜居度評分 — 新加坡

	權重 %	評分（0-10分，10分為最理想）
氣候/ 自然災害	7%	4
生活成本	11%	1
飲食選擇	9%	8
就業機會	12%	9
福利	5%	5
營商環境	5%	8
教育	11%	7
醫療	9%	8
居住環境	6%	7
稅務負擔	6%	8
民主自由度	7%	3
治安	6%	10
社會穩定性	6%	9
整體宜居度	100%	6.6

二. 怎樣移民新加坡？

先講講新加坡的移民政策。新加坡政府較注重申請人對新加坡有沒有貢獻，包括其背景、學歷、年齡、技能、經驗、薪金、資產等等。親屬移民申請只限配偶和未成年子女等親屬關係，申請人的父母、已婚子女、以及年滿 21 歲以上的未婚子女基本上不能申請永久居留權。新加坡沒有像加拿大、澳洲和新西蘭那樣有公開的計分技術移民計劃，主要依照移民局的內部指引，審批有一定的隨意性。

1. 投資移民

新加坡設有全球商業投資者計劃（Global Investor Program - GIP），申請人以投資移民方式申請新加坡永久居留權。申請人的配偶及未婚子女可以作為附屬申請人一並申請。這計劃分為兩個投資方案：

方案 A	投資至少 SGD250 萬（約 HK$1,430 萬）， 建立新的商業實體或擴充現有商業運營
方案 B	投資至少 SGD250 萬（約 HK$1,430 萬） 於一個 GIP 批准的基金

【申請條件】

- 擁有 3 年或以上的創業經歷，並要提交所擁有的公司最近 3 年經審計的財務報告
- 所持有公司最近 1 年的營業額必須達到 SGD5,000 萬，並最近 3 年的年均營業額也必須達到至少 SGD5,000 萬
- 如果所持有的公司屬私營企業，申請人須持有至少 30% 的股權
- 若商業計劃以投資擴充現有的商業運營，該商業計劃中第三年所名列的目標須增聘至少 5 名員工，並且額外達到至少 SGD100 萬的年商業經費支出。申請人的公司必須屬於在 A 行業列表中的商業領域

【方案 A 行業列表】 （共 25 個商業領域）

(1) 航空業

(2) 新能源業

(3) 汽車工程業

(4) 化工業

(5) 消費產品業（如香精香料、飲食營養、快速消費品行業）

(6) 電子業

(7) 能源業

(8) 工程服務業

(9) 衛生保健業

(10) 信息通訊產品及服務

(11) 物流及供應鏈管理業

(12) 海洋事務與離岸工程業

(13) 傳媒業

(14) 醫療技術業

(15) 新技術（智能系統、納米技術、新技術行業）

(16) 自然資源業（如金屬、礦業、農業大宗商品行業）

(17) 安防產業

(18) 宇航業

(19) 航運業

(20) 製藥及生物科學業

(21) 精密工程業

(22) 專業服務業

(23) 藝術類商業

(24) 體育商品業

(25) 家族理財及金融服務業

＊行業不包括房地產、煤炭等

新加坡全球商業投資者計劃詳情：

https://www.edb.gov.sg/en/how-we-help/global-investor-programme.html

2. 工作移民

新加坡工作移民是指通過持有就業準證（Employment Pass — EP），申請獲取新加坡永久居民權。新加坡的工作簽證分幾個等級：

（1）第一類 Employment Pass

Employment Pass（EP）是最高級的工作簽證，是一種頒發給管理層、高級專業人士和特殊工作者的就業準證，主要是針對大學學歷以上人士、專業技術人才、薪金通常在每月 SGD3,600 以上。被當地公司僱用並獲得就業準證後，EP 持有人可向移民局呈交永久居民申請。而月薪 SGD6,000 以上的 EP 持有人，方可為配偶和 21 歲以下的子女申請家屬準證。月薪 SGD1.2 萬以上可申請父母長期探訪準證（LTVP）。

（2）第二類 S Passes

S Passes（SP）是外國中級技術僱員提供的工作準證。申請的最低月薪要求 SGD2,300，但需公司滿足相應的配額，比如服務行業 SP 人數不可超過總員工的 15%，其它行業是 20%。所以通常大公司才能為員工申請到 SP，有效期限為 1 至 2 年，到期後申請者仍受僱便可延期。SP 的薪水達到 SGD4,000 的話，可為配偶及 21 歲以下子女申請家屬準證。但 SP 可獲永居（PR）的機會不大。

（3）第三類 Work Permit

Work Permit（WP）是勞工工作簽證，它是最低級別準證，獲得永居的機會也最小。

3. 創業移民

創業移民（EntrePass），需要 SGD5 萬註冊一家新加坡公司和全額繳足，並以企業家、創新者或投資者其中一個身份申請，申請人須年滿 21 歲以上，居住滿 24 個月後可申請 PR。

申請創業準證要求是必須在新加坡創業，必須是註冊不足 6 個月的新公司。不符合要求的創業業務包括咖啡店、美食中心、食閣巴刹、酒吧、夜總會、卡拉 OK、酒廊、足部按摩、按摩院、中國傳統醫學、針灸、中藥配藥、職業介紹機構和風水師等。

新加坡政府對申請者的評估前提是：申請人在投資記錄、商業網絡以及各自專長領域有突出成就。申請人創辦的公司還需要滿足以下至少其中一個條件：

- 獲得認可的第三方風險投資或天使投資
- 持有國家專利和知識產權部門批准的專利或知識產權、著作權等
- 與新加坡標新局 A*STAR 認可的研發機構或高等學校有研發合作
- 是新加坡標新局或新加坡國家研發基金會支持的孵化產業

4. 留學移民

在新加坡就讀公立或私立學校的留學生，在新加坡居住兩年或以上，通過新加坡國家級考試，就能申請成為新加坡永久居民。

成為新加坡永久居民至少兩年就可申請為新加坡公民。新加坡不承認雙重國籍，一旦入籍為新加坡公民須放棄原國籍身份。

第十章

台灣

TAIWAN

本章貨幣簡稱： 新台幣 TWD 港幣 HK$

一 . 台灣適合你嗎？

台灣人口 2,300 萬，接近整個澳洲的人口。因為語言文化接近，離香港只有一小時的飛行時間，近來台灣也成了香港人的熱門移居地。台灣民風純樸，小小的土地上有著從城市到鄉村、平原到高山的地方文化特色，各類大小攤檔、街頭美食及小店林立，有著吸引香港人移居的魅力所在。

【生活在台灣】

1. 生活成本

相對於香港的樓價，台灣的房子還算親民。台北市松山區一個大約 700 多平方呎的兩房單位，現時叫價約 TWD1,500 萬（即約 HK$400 餘萬）。同樣的呎數，在香港變成 3 房單位，價錢更動輒過千萬。

台灣物價普遍低於香港，擁有一定資產或被動收入的香港人，在台灣的生活應該是優哉悠哉。台灣水費是全球第二低，電費也相當便宜。經濟學人智庫公布 2020 年《全球生活成本調查報告》，香港、新加坡、日本大阪並列首位，台北則排名 58 位，生活成本甚至比上海、深圳、北京、大連還低。

2. 工作機會

台灣 2021 年 3 月失業率只是 3.71%，遠低於香港同期的 6.8%。香港與台灣文化差異不算大，只要普通話不太普通，工作機會還是有的。但台灣生活成本低，薪酬也比香港低。香港統計處指本地打工仔 2020 年第四季收入中位數是 HK$1.9 萬；而台灣「行政院主計總處」的數據顯示，當地人 2020 年每月經常性薪資平均為 TWD4.2 萬（即約 HK$1.2 萬）加上獎金及加班費等非經常性薪資後，每月總薪資平均為 TWD5.4 萬（即約 HK$1.5 萬）。如果是中高職位香港薪金與台灣拉開距離更大。

3. 社會福利

台灣實施全民健康保險制度,向全體民眾提供醫療服務及保障。《全民健保法》規定只要繳納保費就可享受醫療保險,保費分擔比率為僱主負擔 60%,政府負擔 10%,民眾自付 30%。台灣的醫療保健排名全球第一(資料來源:Numbeo: Health Care Index by Country 2021),絕對是退休養老的好地方。其他福利則與香港類似。

4. 營商環境

根據《福布斯》2019 年公布的《最適合經商的國家和地區》排名,台灣排全球第十二位。台灣創業成本雖低,香港人移居當地後卻猛虎不及地頭蟲,出現不少失敗的例子。《信報財經月刊》2020 年 4 月一篇題為「別把台灣想得太好!創業移民恐蝕 3、4 年」的報道就頗為嚇人。內容提及有定居台中 13 年的港人提醒大家,台灣人工低、消費力也低,不要把開店想得太美好,起碼要有心理準備虧蝕 3、4 年。但始終每個人的際遇與運氣不同,每個地方都有成功與失敗的例子。

5. 教育

台灣也經歷過多次教育改制,台灣學生於國中畢業後可選擇高級中等學校或五專就讀,前者與香港的高中無異,後者則為 5 年制的專科學校,較注重技術及職業教育。綜觀整個教育氛圍,香港的填鴨式教育相比台灣的教育更強調「催谷」學生取得優異成績,以考入大學;而台灣則同時重視學生於技術及職業教育的發展,出路較多。台灣高等教育非常普及,大學入學率達 9 成。不過整體大學水平不及香港。

6. 治安與社會環境

根據 Numbeo 的 2020 年全球犯罪率排名，在 133 個國家和地區當中台灣排名全球第二低罪案率。但筆者對這個排名有疑問，感覺上新加坡應該比台灣治安好，無論如何台灣還是相對安全的地方。台灣民主制度也日漸成熟，個人自由得到較佳保障。但兩岸爆發戰爭的風險日增是移民人士不得不考慮的因素，2021 年 5 月一期經濟學人 The Economist 的封面文章指台海為當今世界上最危險的地方，也是本書為何在宜居度評分只給予台灣在社會穩定性較低分的原因。

小結

台灣的城市及經濟發展程度雖不及香港，但其社會文化、居住條件都較香港優勝，生活壓力也比香港少。台灣薪酬低，生活成本也低，醫療更為出眾。但台海出現戰爭風險，絕不可低估。

二. 怎樣移民台灣？

現時香港人要移民台灣有 4 個方法，分別是技術移民、投資移民、創業移民及升學移民。相對於其他熱門移民地，台灣的門檻相對低很多。

1. 技術移民

技術移民要求申請人具備專業技術能力，並取得香港或澳門的執業相關證書，包括以下三類人士：

(1) 第一類：是具有專業技術能力者，如會計師、律師、建築師及醫務人員等，擁有專業資格或技術，並任職兩年以上就可申請。

(2) 第二類：是在特殊領域之應用工程技術上有成就者。例如新興工業、關鍵技術、關鍵零組件及產品有專業技能者。此類人士須具有 5 年以上廠務或研究發展之實務經驗，且擔任經理以上職位。又或在光電、資訊軟體、高速鐵路、航運、生物技術等方面，從事相關領域 10 年以上，並持有大學博士或碩士學位等資歷。

(3) 第三類：在學術、科學、文化、新聞、金融、保險、證券、期貨、運輸、郵政、電信、氣象或觀光專業領域有特殊成就亦可申請。

以上專才自申請後，在台灣最快居住 1 年，期間離境不超過 30 日，便可申請居留證，申請人的配偶及未成年子女可隨同申請。專業人士取得台灣居留證後，無須取消香港身份證，也無須在台灣從事相關工作，可以繼續留港工作，隨時可港、台兩地出入境。

	類別	行業	資歷
第一類	具有專業技術能力者	會計師、律師、建築師及醫務人員	擁有專業資格或技術，並任職 2 年以上就可申請專業移民居留
第二類	在特殊領域之應用工程技術上有成就者	新興工業、關鍵技術、關鍵零組件及產品有專業技能者	具有 5 年以上廠務或研究發展之實務經驗，且擔任經理以上職位 或 在光電、資訊軟體、高速鐵路、航運、生物技術等方面，從事相關領域 10 年以上，並持有大學博士或碩士學位等資歷
第三類	在專業領域有特殊成就者	學術、科學、文化、新聞、金融、保險、證券、期貨、運輸、郵政、電信、氣象或觀光專業	申請後在台灣最快居住 1 年，其間離境不超過少於 30 日，便可申請長期居留

2. 投資移民

選擇投資移民的人士，可以在台灣開設公司，創立資金額 TWD600 萬以上，設有實際業務的公司或投資現有台灣公司，並要聘請兩名以上台灣籍員工，營運年期 3 年。在台灣連續居留滿 1 年，就可以申請長期居留，住滿 3 年便可申請定居許可，取得身分證。

部分港人希望透過置業獲得當地的居留權，但台灣現時未將置業定為「投資移民」要求之一，因此申請人無法透過在台灣置業獲得居留權。然而，台灣的「投資移民」容許經營「物業租賃」與「物業買賣」。換言之，申請人可以先在台灣開公司，再以公司名義購置物業，將租金收入轉化為公司收入及營業額，以獲得居留權。但這樣做有 2 個缺點，一是投資者需另外租地方居住，加重投資成本，二是公司需繳交相應的商業稅項。

3. 創業移民

創業移民是另一個方法，需要的資產相對投資移民少，但這計劃申請程序困難，據台媒《聯合新聞網》報道，計劃自 2015 年出爐後，僅得約 70 人通過申請。

以個人身分申請創業移民，除基本具備高中或以上學歷，亦要符合以下 5 項條件其中 1 項：

- 獲得創業投資事業投資，或於政府認定之國際性募捐平台籌資 TWD200 萬
- 已獲同意進駐政府認定之新業園區或育成機構者
- 取得專利權者，或具專業技能
- 曾參加具代表性之創業、設計競賽獲獎，或申請政府鼓勵外國創業家來台專案計劃通過者
- 設立符合「具創新能力之事業認定原則」化事業，擔任該事業負責人並投資 TWD100 萬（即約 HK$25 萬）以上者

符合上述條件申請創業移民後，申請者可申請居留簽證，首次申請居留期間最長為 1 年。其後需達到以下其中一個條件：最近 1 年或最近 3 年平均年營業收入達 TWD300 萬以上；最近 1 年或最近 3 年平均年營業費用達 TWD100 萬以上；聘僱全職台籍員工 3 人以上，才能申請延續居留權，每次延續期不得超過 2 年。只要連續居留滿 5 年，以及每年在台灣居住超過 183 日以上，便能申請定居。

4. 留學移民

申請人在台灣升學畢業後，台灣政府會採用「評點配額制」以計分方式審批僑生留台的工作資格，包括學歷、國語及外語能力、他國成長經驗等 8 個項目，只要分數滿 70 分，而受聘的平均月薪達 TWD3.8 萬（即約 HK$9,900），才能獲准留台工作。申請人期間須在台居留滿 5 年，每年在台居住 183 日以上，而在第五年的月薪達約 TWD4.2 萬（即約 HK$1.1 萬），便可申請定居。

第十一章 如何做 移民贏家？

專門為香港人移民而設的搵樓平台
Classy5Home (https://classy5home.com)
- 涵蓋熱門移民國家樓盤
- 特別增加專為新移民而設的短租盤

本章貨幣簡稱：

澳元	AUD	加拿大元	CAD	英鎊	£
美元	USD	歐元	€	港幣	HK$

一. 贏在搵樓

準備移民的第一件事，當然是搵樓。能否做移民贏家，也在於你是否會搵樓。因為你選擇住或投資的物業，會影響到你日後的財富升值潛力、你小朋友校網的分配、你一小時內生活圈、你的工作機會、你物業放租或放賣能力，甚至你的生活成本。

1. 租樓還是買樓？

筆者建議先租後買，在未完全熟悉新的地方之前比較穩妥的策略是先短租半年，安頓下來後再慢慢看看哪個區適合和實地看房後再購置物業。如果資金許可，在全球量化寬鬆的大環境下，買樓應是保值之選。但也可以考慮在以下情況先租樓住：

- 資金有壓力，工作也不穩定
- 有心儀的學校或校網，但基於樓價、預算與環境等因素不想在當區置業
- 未清楚自己的長遠計劃，有可能經常搬遷
- 想試住不同地區、想多認識不同社區的居住環境或不同類型的房子
- 初到步未考車牌想先住在市中心
- 疫情關係部分城市如墨爾本 CBD 空置出租屋大增，租金大降，租樓最好時機

如果你打算長住或投資，當然應該買樓，但要留意大部分西方國家物業持貨成本不低。例如美國每年平均物業稅是 1.1%，即是樓價每年要保持升值 1% 以上才能打和。英國、澳洲等國家的「地方稅」（Council Rate）也不低，一般來說英國每年約需繳付 £1,400-1,800，澳洲也要繳付由千幾到幾千澳元不等的地方稅，視乎樓價等級與地點。另外，在英國和愛爾蘭看電視要交電視牌照費，澳洲水費更設有最低消費，即使沒人住沒用水也要交網絡費。買公寓（Apartment）每月或每季要交可觀的管理費，住獨立屋（House）則要負責維修保養。在外國有屋的一般也建議買家居保險。所有這些費用加起來可能也抵得上部分租金。

買樓還要掌握好時機，特別是匯率、樓價、按揭息率、樓市政策變化等因素找出最佳入市良機；例如 2020 年下半年澳元英鎊低水、2021 年上半年各國央行大幅放水、按揭息率持續低迷、疫情之下澳洲英國等地寬減部分外國買家印花稅等，都是一些入市訊號。

大部分西方國家包括美國、加拿大、英國、澳洲等買樓或租樓時，買家或租客均無需支付經紀佣金。

2. 住哪類型的房子？

外國的房子主要分為：

房屋類型	英文稱謂
大廈式公寓或共管公寓	在美加稱為 Condo 或 Apartment
	英國叫 Flat 或 Apartment
	澳洲叫 Unit/Apartment
獨立屋及半獨立屋	House 或 Detached House
	Semi-detached House
排屋	在美加等地稱為 Townhome 或 Townhouse
	澳紐多稱為 Townhouse
	英國歐洲叫 Terraced house
平房	Bungalow

買屋要注意業權性質 Freehold「永久業權」及 Leasehold「租賃業權」。Freehold 意味著業主永久擁有建築物及土地（Free From Hold）。從買家的角度，當然會傾向買永久地權的物業。相比之下，Leasehold 需支付一定的管理費及地租，也需受制於永久業權的條款而定。租賃年期通常從 99 年至 999 年，地主在限期內可以加地租。而且一旦期內地主把土地轉讓第三方，第三方未必受制於租賃權條款的承諾，而可以上調地租。英國、澳洲和加拿大的大部分的獨立房屋都是「永久業權」（Freehold），英國的公寓絕大部分是「租賃產權」（Leasehold）。

（1）公寓

公寓多建於交通方便的地方，尤為適合無車、單身、年長或在市中心上班人士。在加拿大住公寓，也是避免冬天住獨立屋要剷雪的一個好選擇。公寓的好處是方便、不用擔心維修問題及有共享設施，缺點是要交管理費、升值潛力不高、呎價遠高於 House 及活動空間較少。

（2）獨立屋

有小朋友的新移民家庭都比較喜歡住 House，特別是大多數港人在香港都沒條件住獨立屋。但住 House 要負責房屋的維修，有花園的要剪草要修葺，下雪的地方要剷雪，還要做除蟲等措施。部分國家如英國和愛爾蘭的樓宇必須通過能源評級才可放賣或出租，英國叫做能源性能證書 Energy Performance Certificate（EPC），愛爾蘭叫做房屋能源等級 Building Energy Rating（BER）。部分 EPC 或 BER 低的樓宇，即使冬天在室內開暖氣也未必暖和。如果單位保暖程度有限，每月的電費開支可以很驚人。

（3）排屋

排屋的價錢較平，但要與鄰居相連私隱度及空間都欠缺一點。如在排屋的頭或尾的單邊屋，其實與半獨立屋分別不大，但價錢佔優。不少排屋要分擔管理費。

（4）平房

平房一般只有單層，適合年長人士或上落樓梯不便的人居住。

3. 地段選擇

有投資地產經驗的朋友都知道，買樓最關鍵是地段。和香港一樣名校附近或校網好的區域，樓價都會很硬淨。多倫多、悉尼、墨爾本等唐人較多的東區，就比西區的樓價要貴很多；以墨爾本為例，離市中心同樣20分鐘車程的東區與西區樓價相差一倍以上。原因也主要是東區校網好，華人為求子女入名校都湧去該區置業。香港人喜歡方便住市中心，但外國是愈有錢的人愈不住市區。市中心的公寓可能比較易出租，租金回報也吸引，但公寓保值或升值能力不如 House 強。

很多新樓宣傳都以該區日後規劃做賣點，例如計劃興建火車或地鐵站，興建通往市中心的高速公路等等，但要留意西方國家的基建都很慢，墨爾本講起機鐵也講了 10 幾年。新區樓價雖然低，但可能新移民較多、未開放土地多，新盤會陸續源源不絕供應，令日後樓價升幅有壓力。

4. 買一手樓還是二手樓？

很多人都偏愛住新樓，但外國的新樓和香港一樣都有呎價過高、實用性不如舊樓、地點偏僻、（公寓）管理費超貴的問題。一手樓花還有爛尾或延期交樓的風險，因此買家盡可能尋找有信譽的發展商。不少國家對外國買家都徵收額外印花稅，澳洲更規定外國人只能買一手樓。然而有澳洲朋友提醒，本地投資者大部分偏向喜歡買二手樓，因為性價比和潛在投資回報 ROI（Return on Investment）都較高。

在西方國家二手買賣時間比較長，一般需時 3 個月以上，長則可達半年以上，準買家須預備較長交易時間才可以。

要買樓做贏家，建議先上網及實地考察做足功課，要多留意外部環境，包括交通配套、附近居住種族、治安往績等，同時也要留意單位實際情況，包括樓齡、是否有煤氣管道鋪砌、能源等級、及有沒有違規建築等。最好也請個測量師去檢查一下樓宇狀況，出一個檢測報告。

5. 買樓投資

不少投資者喜歡買樓收租賺取被動收入，現時很多地區的回報率均較香港吸引，但要留意雜項開支和報稅的問題。部分發展商會用包租、或回報保證作為吸引買家投資的方法。但租務回報保證有陷阱，很多時包租未必包括買家應繳稅項。而且大部分發展商會把租務事宜外判給包租公司，一旦該包租公司倒閉，買家是很難追討。

（1）出租物業

出租物業要先決定希望短租或長租，租期由幾天至 6 個月內均可視為短租。放眼短租的業主，就如 Air B&B 一樣你需要提供全套傢俬。如果長租，一般業主不提供傢俬。如提供傢俬，為免出現爭拗，租約應包括一張傢俬清單，以作為租約完結時檢查傢俬的基準。同時必須注意傢俬是否符合消防標準，否則可會構成刑事罪行。外國有一項專針對租客欠租的「租戶保險」，在租客欠租時可向保險公司索償，前提是業主有對租戶進行背景調查。

出租物業需報稅，租金收入扣減和物業有關的開支如維修費、律師費、會計師費、地租及差餉、保險及傢俬等，之後算出的淨收入再視乎你是稅務居民還是非稅務居民繳交相應稅率的個人收入稅。

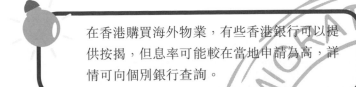

在香港購買海外物業，有些香港銀行可以提供按揭，但息率可能較在當地申請為高，詳情可向個別銀行查詢。

（2）經紀佣金

在亞洲包括香港、日本、新加坡及台灣等買樓或租樓，通常是買家或租客與業主各自支付經紀佣金；但在大部分西方國家包括美國、加拿大、英國、澳洲等均只是賣方或業主支付，不過有的美國城市租客也需付佣金。

如是買賣，經紀佣金收費佔成交金額百分比各國不一，美國一般為 5%-6%、加拿大是 3%-7%、英國由低於 1% 至 3.5% 不等、澳洲是 1.6%-4%。如是租樓，美國經紀一般是收業主相當於一個月租金或 1 年租金的 10%-15% 作為佣金、加拿大是通常收相當於一個月租金，英國和澳洲的經紀除了在租約簽署後收佣外還在租約期內收取租務管理費負責幫業主收租、管理物業日常維護等，英國是 2-4 周租金再每月收取租金 7%-15% 的租務管理費、澳洲通常是 1-2 周租金再加每周租金 7%-15% 的租務管理費，直至租約完結為止。

國家	經紀佣金（買賣）	經紀佣金（租樓）
美國	5%-6%	一個月租金或 1 年租金 10%-15%
加拿大	3%-7%	一個月租金
英國	1%-3.5%	2-4 周租金 + 每月收取租金 7%-15% 作為租務管理費
澳洲	1.6%-4%	1-2 周租金 + 每周租金 7%-15% 作為租務管理費

（3）印花稅

買樓要付印花稅，英國、澳洲、新加坡等政府均對非本國居民加徵額外印花稅。西方國家常見買地起樓全包宴 Land & Build Package，筆者認為是海外買家有效減付額外印花稅的方法，因為印花稅只徵收土地部分，起樓費用無需支付印花稅。

二. 贏在搵工

新移民除了住屋、升學問題之外,最關注的就是找工作。據澳洲統計局的數據,2020 年 12 月澳洲失業率為 6.6%,2021 年 1 月下降到 6.4%。同期香港失業率為 6.5% 與 7%。所以單看數據澳洲與香港失業率相若。但新移民最大的問題是部分專業資格要重新認證、欠缺本地經驗,不熟習本土市場,以及英文溝通能力不足。要能在眾多申請者中突圍而出,你必須要有特別的賣點及有效的求職策略。

筆者做過求職者,也做過大公司管理層以僱主身份篩選簡歷及面試申請人。以下先來解構一些與新移民身份無關、放諸四海皆適用的求職與見工的問題。

1. 履歷（Resume）

（1）常見錯誤

在我的職業生涯裡應該閱讀過幾千份求職者的簡歷，歸納下來有這幾類問題：

① 串錯字，或基本資料寫錯（例如公司名串錯）—— 基本上這是死症，第一個被 DQ 取消資格。連最基本的校正和核對工作都懶做，這類求職者被視為盡責程度有限。

② 簡歷好像一份移民表格，將個人資料由身高體重至出生資料具細無遺地詳列出來 —— 這類求職者未必懂得如何推銷自己，要獲得見工機會個人資料不是重點，有何特別之處才是關鍵。

③ 英文語法錯誤或非慣用文法 —— 可以是死症但視乎僱主要求有多高，可能有的僱主自己英文也不靈光你就運氣好些，但起碼已暴露了你的英文水平。

④ 太短或太長 —— 太短難以對申請人的資歷作有效評估，太長會令僱主失去耐性閱讀及得出申請人不能精簡重點的結論。

⑤ 格式不規範或不統一，看上去不專業 —— 大概可以判斷申請人做事的專業程度。

⑥ 簡歷太花巧，五顏六色圖案豐富 —— 除非你是申請設計的工作，否則簡歷無需太多花款。

⑦ 流水帳式 —— 不能突出重點及你有何「人無我有」之長處。

⑧ 只講工作歷程，無講有何成就 — 如無取得過任何成績，為何僱主要見你？

⑨ 列出技能毫無意義 — 有申請者將有車牌、會 PowerPoint 和 Excel 也列作技能（外國 9 成人有車牌，不懂 MS Office 也不要去申請寫字樓工）。

⑩ 漁翁撒網式 — 不去做足功課有針對性地修改簡歷。例如份工是請 Technical Project Manager，你的簡歷卻甚少提及你相關的工作經驗、技能與成就。

（2）履歷策略

基本上履歷是求職者的第一道門。僱主在刊登出一個職位空缺後，通常會收到幾十甚至幾百份申請，第一輪篩選平均不會花超過 5 分鐘在一份履歷上，必須在幾分鐘內吸引到僱主的眼球而不是靠花巧的設計。本人建議如下：

① 即使你有如數家珍的工作經驗，一般兩頁長度的履歷是最恰當。
② 把最能令你突圍而出的重點放在履歷首頁上部。
③ 簡潔、專業、無文法錯誤。
④ 除陳述工作經歷外，應列出每份工作有何可衡量之成績。
⑤ 無須多餘字眼，例如 Resume（誰不知道這是 Resume），或 reference available upon request（阿媽是女人）。

2. 面試 (Interview)

能在預賽中突圍剎入半準決賽得到面試機會,已經是難能可貴。面試是大部分新移民的弱項,因為大部分香港來的求職者都講一口港式英文,以致未能達到有效溝通與表達。不少人說外國種族歧視嚴重,至少我未見過或經歷過。但不少找工作時自己覺得被種族歧視的人,其實很大程度的原因是自己的英文比較「趨客」。但英文這個問題也不是一天、半天可以解決的,新移民應在移民前後惡補一下英文。

至於有多少輪面試各公司做法不同,我個人求職最高紀錄是經歷 10 輪的面試。公司愈大做決定的時間愈長,最高紀錄是拖了 4 至 5 個月才有結果。

(1) 常見錯誤

坦白講,有經驗的僱主在面試頭 5 分鐘就已經可以判斷這個申請人是否適合。先講講大部分 5 分鐘就已經可以 DQ 的死症:

① 遲到特別是遲到又沒有事先通知,No Show 又不通知者更是惡劣
② 衣著不合場面 —— 但也無需過度打扮,最好先做點功課了解一下該公司的文化 (例如如果是通過獵頭公司的應先徵詢獵頭的意見)
③ 沒禮貌 —— 見過有的求職者遲到當沒事發生一樣
④ 不懂得與面試者的開場白溝通 —— 不少僱主為營造輕鬆氣氛會先與求職者閒談,順便測試一下求職者的社交技巧
⑤ 自我介紹環節失分
⑥ 反應遲鈍,答非所問

⑦ 回答問題太簡短或太長篇大論滔滔不絕 ─ 有不少求職者一開口就講不停連面試者也沒機會插口

⑧ 答案太空泛、欠缺具體說明或實例

⑨ 僱主覺得欠缺 Chemistry，或第一印象不佳 ─ 這個很個人，唯有看你運氣

（2）面試策略

僱主通常要求職者先自我介紹，這是求職者爭取第一印象分的機會，建議各求職者事前在家好好操練這個幾分鐘的自我介紹，或者可以錄下來自己看看作如何改善。

對新移民來講，求職者應在面試過程中盡量令僱主信服你在移民前的工作經驗及技能也同樣適用在當地。這些在 STEM 方面的工種（例如 IT，科技、工程、醫療、學術研究等）比較有利。僱主也比較喜歡聽一些真實的例子。求職者更加應該令僱主覺得你是個誠實可靠值得信賴的員工。

很多求職者以為有文憑、專業資格及大公司的工作經驗等硬技能（Hard Skills）很重要，其實這些只不過是你的入場券，僱主比較關心的還是你的工作態度、溝通技巧、團隊合作能力、領導才能等的軟技能（Soft Skills），當然這些技能比較難在面試中得到全面的評估。特別是去到一個新的國家，一個新的環境和文化，你的適應能力如何？你與不同文化背景的人合作如何？你如何與人溝通等都是僱主關心的。但面試過程也盡可能避免講及你太多新移民的身份，以免引起僱主更多的擔心。

3. 求職渠道

如果想移民之前就鋪好路,一到步就有工作,不妨在香港上移居地的求職網搵定工先。但必須注明你已取得 PR 或合法工作簽證,否則僱主一般不願意要麻煩幫求職者申請工作簽證,除非你的技能在本地找不到應徵者。

（1） 求職網站

一般的工作可上求職網站。LinkedIn 是全球通用的求職網站。其他不同
國家的求職網包括：

英國	澳洲	加拿大	美國
Indeed	Adzuna	Robert Half	Indeed
Reed	Careerone	CareerBuilder	Monster
TotalJobs	Seek	Indeed	Glassdoor
CV-Library	Careerjet	Eluta	Ladders
Universal JobMatch — 是英國政府的網站，用於查找全職和兼職職位空缺	澳洲政府公務員招聘網站： APS jobs (public services) https://www.apsjobs.gov.au/s/	Jobboom	CareerBuilder
Jobsite	澳洲政府招聘網站（相當於香港的勞工署） Australian JobSearch (gov) https://jobsearch.gov.au/	Glassdoor	Robert Half
Monster		Monster	Job.com
NHS Jobs — 是一個專門替 NHS 招聘的網站		Simply Hired	Google for Jobs
Fish4Jobs — 是 Daily Mirror 和 100 多種區域性報紙的招聘部門			Simply Hired
GuardianJobs			

（2）中介公司

專業及中高級管理的職位一般透過獵頭公司招聘，所以你也可以先聯絡一下當地的獵頭公司。這幾間世界知名的獵頭公司比較著眼於跨國大公司高層的職位，他們大部分在香港也有辦事處，包括：Korn Ferry, Russell Reynolds, Stanton Chase, Spencer Stuart, Heidrick & Struggles。

以下幾個網站有各國最齊全的獵頭公司清單：

美國： https://www.topexecutivesearchfirms.com/top-executive-search-firms/

加拿大： https://www.headhuntersincanada.com/

英國： https://www.allheadhunters.co.uk/

澳洲： https://www.headhuntersinaustralia.com/

（3）招聘會或社區工作中心

你也可以留意居住地區的招聘會，與不同類型的公司的代表直接溝通，省略 CV 石沉大海的困局。

不少國家也有類似香港勞工署的政府求職中心。例如英國 Job Centre Plus 在各地有求職中心，可以直接前往註冊個人資料，中心職員會依據你的資料和需求，提供可能的就職機會，進行面試。不過在這裡多數是一些入門級低階層工作。英國國家統計局的網頁，詳列了許多就業市場的資料。 https://www.ons.gov.uk/employmentandlabourmarket/

（4）學校資源

如果手頭的資金充裕，可以考慮修讀短期的課程，一來累積人脈，二來利用學校資源找到心儀工作。因為各大學院都設有畢業生職業中心（Career Services），與企業有密切的聯繫，定期舉辦各式講座和就業博覽會，並提供職缺，為學生配對工作。

（5）直接叩門

不妨留意下自己本行的公司，來到當地後直接投遞 CV 過去，看看有沒有機會。或者你有心儀的公司，也可試試主動發電郵去申請。你也可以在 LinkedIn 請求連結心儀公司的 HR 或部門負責人，直接私訊他們碰碰運氣，但別抱太大期望會有回應。

（6）別人介紹

移民當地後可嘗試開始累積人脈，或加入當地不同的專業機構拓寬自己的社交和專業圈子，說不定日後有工作機會時人家會第一時間通知你。在外國請人單靠幾輪面試僱主還是不太肯定這個申請人是否合適，如果有內部推薦機會通常都點勝一籌。

4. 薪金

各國的薪金和工資水平不一，以下表格是各地稅前最低工資和大學畢業生月薪比較：

本書獨家

	香港	澳洲	加拿大	英國	美國	愛爾蘭
最低工資（時薪）	HK$37.5	AUD 19.84	CAD 11.45-15.7 視乎省份	學徒£4.15；18 歲以上£6.45-8.72 視乎年齡	USD 7.25	€ 10.2
最低工資（時薪折換成港幣）	HK$37.5	HK$119	HK$70-96	HK$69-93	HK$56	HK$94
大學畢業生平均月薪（折換成港幣）	HK$16,000	HK$31,000	HK$20,400	HK$26,700	HK$27,000	HK$23,800

從表中數字可得知，以初級職位和新畢業生為例，澳洲的工資為全球最高之一。香港是已發展經濟體中低級或入門工作人工相對較低的地方，但相比台灣、除新加坡外的東南亞國家，香港人工還是高一截。新畢業生人工偏高、ROI 偏低也是為甚麼很多西方國家大學畢業即是失業的原因之一。如果是請一些例如 IT，後勤服務等可以遙距工作的職位，僱主可到印度、菲律賓、墨西哥和東歐等地聘請，性價比高很多。

但愈到中高級職位，香港與西方國家的人工差別就愈收窄，甚至個別高層級別香港的薪金會反超前。例如澳洲職銜為總經理（General Manager）的平均工資為 AUD11.6 萬（年薪），低至 AUD7 萬高至 AUD20 萬（資料來源：payscale.com）。香港的工資就很參差，同屬「總經理」職銜在香港的年薪平均是 HK$60 萬，由低至 HK$20 多萬到高至 HK$2、3 百萬不等。這個也是香港貧富懸殊較嚴重的一個例證，低層人工低，高層收入高是香港的一個寫照。這個現象在中國內地、新加坡及部分亞洲國家也相類似。

相反，大部分西方國家的中高級職位的薪金差距不會如亞洲國家大，稅收也高，也導致專業人士要博命工作向上流的動力不大，有養懶人的現象。當然如果你是華爾街的 iBanker，或是大公司的高層，特別是美國的上市公司，收入也會很誇張。

所以，要做職場的人生贏家，撇除其他因素單以薪酬考慮，最理想是在西方國家讀大學畢業後在當地找一份工作賺取對新鮮人來說相對高的收入，累積一定年資後轉戰到新加坡、香港等地做高層享受高薪低稅的福利，賺盡各地的「糧差」。

三. 贏在教育

很多家庭移民，賺的是子女教育。這個得益包括兩個方面，一是性價比上的功利得益，一是更高層次的教育理念上的一大轉變。

如果你獲得的簽證是可享受本地人一樣的免費教育福利，理論上你無需付出比香港更多的學費開支而令子女享受更優質又快樂的教育。有歐盟國家和英國的蘇格蘭不但中小學免費，連大學也免費，更是超值，隨時可幫你省下幾十萬港幣以上的學費。

1. 爸爸去哪兒？

講到教育不少人第一個反應是英國教育最好，事實上論排名英國是全球數一數二。而之前幾個章節提到移民的決定，必須根據各方面綜合因素和考慮，但更重要是首先你要喜歡那個地方。

【2020 全球最佳教育制度】

《CEOWORLD》雜誌為世界教育體系作了個排名，按照其排名世界上教育最好的 20 個國家和地區為：

Rank	Country	Quality Index	Opportunity Index
1	United Kingdom	78.2	69.79
2	United States	72	68.74
3	Australia	70.5	67.52
4	Netherlands	70.3	67.21
5	Sweden	70.1	66.96
6	France	69.9	66.3
7	Denmark	69.8	62.54
8	Canada	69.8	61.01
9	Germany	69.5	60.64
10	Switzerland	68.3	60.12
11	Japan	68.2	59.46
12	Israel	66.9	57
13	Finland	66.8	56.68
14	Taiwan	66.6	55.27
15	Singapore	66	55.22
16	Slovenia	65.8	54.38
17	South Korea	65.2	53.5
18	Norway	65	53.41
19	Belgium	64.2	53.02
20	United Arab Emirates	64	52.94

資料來源： CEO World: The world's best countries for the education system, 2020

香港在此排行榜中只排在第四十二位，當然筆者也不太認為香港教育水平差到如此地步，還落後於印度沙地等國；特別是香港的高等教育一向相當優質，位居全球前列。但無可否認大多熱門移民國家的教育均優勝於香港，即使你並非移民去英國而是去其他國家，至少在教育方面沒有輸。

【2021 QS 世界大學排名】

再長遠一點編排到子女的大學教育，以下 QS 世界大學排名也對哪兒是
世界高等教育領頭羊有指標作用：

排名	國家	英文名	中文名
1	美國	Massachusetts Institute of Technology	麻省理工學院
2	美國	Stanford University	史丹福大學
3	美國	Harvard University	哈佛大學
4	美國	California Institute of Technology	加州理工學院
5	英國	University of Oxford	牛津大學
6	瑞士	ETH Zurich – Swiss Federal Institute of Technology Zurich	蘇黎世理工學院
7	英國	University of Cambridge	劍橋大學
8	英國	Imperial College London	倫敦帝國學院
9	美國	University of Chicago	芝加哥大學
10	英國	UCL (University College London)	倫敦大學學院
11	新加坡	National University of Singapore	新加坡國立大學
12	美國	Princeton University	普林斯頓大學
13	新加坡	Nanyang Technological University, Singapore	南洋理工大學
14	瑞士	École Polytechnique Fédérale de Lausanne	洛桑聯邦理工學院
15	中國	Tsinghua University	清華大學
16	美國	University of Pennsylvania	賓夕凡尼亞大學
17	美國	Yale University	耶魯大學
18	美國	Cornell University	康乃爾大學
19	美國	Columbia University	哥倫比亞大學
20	英國	University of Edinburgh	愛丁堡大學

資料來源：QS World University Rankings 2021

2. 持 BNO 去英國讀書

因為未來幾年預計有上萬個家庭會以 BNO 的途徑去英國,並安排子女在當地讀書,本章特別介紹一下報讀英國學校。

之前在介紹英國的章節裡有大致介紹過英國的學校種類,在此不再重複。根據英國政府網頁(www.compare-school-performance.service.gov.uk)公布的資料發現,在 2019 年,16 至 18 歲學生參與英國高考(GCE A-Level)表現一欄中,公立中學學生考獲 A 至 A* 的百分比約 11%;若以考獲 A 至 A* 作標準,全英排名首 100 位學校中,公立中學約佔一成多,8 成多為私立學校。但私立學校收費嚇人,不是一般家庭可以負擔。如果是私立寄宿學校,每年總費用開支約 HK$30-50 萬,讀幾年就等於燒去一間屋的錢。

公立學校之中以 Grammar School 學術水平最高,只取錄精英中的精英,而全英只有約 160 間,競爭激烈。申請人須參加入學試,成績優異者方能獲取錄。若是申請公立學校,要留意截止日期。小學及中學則分別為 1 月 15 日以及 10 月 31 日。若果在限期後才遞交申請,有機會不獲派選擇的學校。

英國不同學校會用不同準則來衡量是否收生,但英國政府的官網也列出幾個主要條件,包括「居所與學校距離」、「有沒有兄弟姐妹在該校讀書」,「部分 Faith School 衡量宗教背景」、「部分 Grammar School 會視乎「11+」的考試成績」、「中小學之間是否有聯繫」、「父母是否在該校工作逾兩年以上」。實際的收生要求應向相關學校查詢。

如何挑選學校,網上也有很多資訊包括各地區的學校評估及排名。在此列出英國頭 10 大私立和公立中學。

【英國 10 大私立學校】

Top 10 Private Senior Schools based on 2019 League Table Results

	Schools	Day/Boarding	Gender	Termly Fees
1	St Paul's Girl's School	D	Girls	£8,629
2	Westminster School	Both	Boys, co-ed 6th	£9,603 / £13,869
3	Wycombe Abbey School	Both	Girls	£10,090 / £13,450
4	Guildford High School for Girls	D	Girls	£3,634-£5,834
5	St Paul's School	Both	Boys	£8,636 / £12,997
6	North London Collegiate School	D	Girls	£5,754-£6,810
7	Godolphin & Latymer School	D	Girls	£7,695
8	King's College School, Wimbledon	D	Boys, co-ed 6th	£7,445
9	St Mary's School, Ascot	Both	Girls	£9,530 / £13,380
10	City of London School for Boys	D	Boys	£6,313

費用只作參考，以學校公布為準，學校會不時調整收費。

【英國 10 大公立學校】

Top 10 State Schools based on 2019 League Table Results

	Schools
1	Queen Elisabeth's School, Barnet
2	Wilson's School, Wallington
3	The Henrietta Barnett School, Hampshire
4	Pate's Grammar School, Cheltenham
5	The Tiffin Girl's School, Kingston upon Thames
6	St Olave's Grammar School, Orpington
7	Reading School, Reading
8	Altrincham Grammar School for Girls, Altrincham
9	Colchester Royal Grammar School, Colchester
10	King Edward V1 Grammar School, Chelmsford

英國政府公布持 BNO 簽證可享受 12 年免費公立中小學教育的福利，但很多家長也關心讀大學又如何？

英國大學的本地生學費得到英國政府資助，2021／2022 學年本地生學費封頂為 £9,250。而外國學生須支付高很多的海外生學費，收費視乎學校與所讀學科而定，如倫敦帝國學院的人文科目大約兩萬英鎊一年，理工科約三萬四千鎊，劍橋的醫科為五萬八千鎊。

BNO 簽證持有人如要享受本地生收費，基本要求是該學生須在英國住滿 3 年，否則需付海外生學費。而住滿 3 年的要求必需是整個家庭，不包括學生讀英國寄宿學校但父母不在英國居住的時間。

【英國大學本地生與海外生學費比較】

	Local Tuition Fees (Annual)	International Tuition Fees (Annual)
England	Up to £9,250	From to £13K to £58K
Wales	Up to £9,000 *	From to £14K to £22K
Scotland	Free *	From to £19K to £24K
Northern Ireland	Up to £4,395 *	From to £15K to £20K

* Local tuition fees differ in England, Wales, Scotland and Northern Ireland. Only students residing in the same country can enjoy local tuition fees (e.g. A family has to live in Scotland if their children were to be considered for local fees at a Scottish university)

3. 贏在起跑線？

上面提到了很多學校排名，但是不是讀到名校成績優異就是贏家呢？
其實家長應該借移民的契機為子女教育重新定位。

數年前中國內地發表過一份《中國高考狀元職業狀況調查報告》，首
次披露從 1977 年到 2006 年的 30 年全國各省市狀元的發展現況，竟發
現他們幾乎全軍覆沒，沒有一個在從政、經商、研究等方面有傑出成就。
同樣，有研究顯示香港的9優、10優狀元大部分大學畢業後都銷聲匿跡。
考試滿分，並不代表學習滿分、職場滿分和人生滿分。

（1） 家長的盲點

這除了說明教育制度有問題外，還帶出一個大部分家長的盲點。不少香
港以至亞洲學生的家長，對小朋友的學業往往過度緊張。放學要上補習
社，準備測驗必操 Past Papers，成績差於 80 分是臨介點，非學業和有
獲獎潛力的活動視為非必需。結果入名校、拼排名、爭高分、掃獎項成
為學生家長成功的方程式。

不少人因為小時候過於專注讀書而忽略其他方面發展，反而窒礙了日後
的成功。更多名成利就的精英，學業並不突出。Steve Jobs 和 Bill Gates
都沒讀完學士，不少名人小時的成績也只是中等。

（2） 三個實習生的故事

下面這個故事很能説明問題：一家硅谷公司招來三個實習生，分別是美國人、中國人和印度人。

- 美國實習生：只求把事情做完就好，一下班就走人。對一些問題儘管一知半解但也能侃侃而談，一分鐘可以講完的問題能講5分鐘。
- 中國實習生：很努力，工作做得最多最好，但不多説話。
- 印度實習生：工作做得沒有中國實習生精細，但也可以。雖然講話帶有口音，但最愛發問，擅長表達自己。

在實習期間，學到東西最多的是中國實習生，但是，最後僱主的評價是美國實習生表達能力強、有領導才能；印度實習生做事主動有 Engagement；對中國實習生則印象不深。這個故事反映出一個普遍現象，西方社會重視軟技能（Soft Skills），而中國人在這方面是最吃虧「蝕底」。這個也是與社會文化背景有關。

（3） 東方教育求滿分

東方社會教育偏重硬技能（Hard Skills），判斷人才的標準也與西方社會不一樣。西方的教育鼓勵課堂討論、批判思考、塑造個性，沒有「標準答案」。例如一個影響學生求知欲最多的歷史老師，會在課堂中帶動學生討論：「這個事件，美國怎麼看，英國怎麼看，中國又怎麼看？英國的商人、貴族、農民又各是怎麼看？」

考試滿分，需要博聞強記、勤操試卷，但學習滿分，需要熱情好奇、探索新知。考試滿分，只要顧好自己，或打敗別人，但職場滿分，需要團隊合作、精湛溝通。考試滿分，要快速精準、小心翼翼。而人生滿分，需要悠然自得、勇於嘗試。

4. 教育為甚麼？

建議香港的家長也可以重新思考教育的定義。教育有兩項主要功能：一是為了職業，一是為了做人。職業培養是為了飯碗，而做人的教育是為了讓人不只是職業工具，而更重要的是做一個有意思、有趣味、有意義的人。隨著科技的進步，各類資訊上 Google 隨時隨地可以查到，Hard Skills 的價值在降低。但全球一體化的社會對於 Soft Skills 的要求只會有增無減。

曾在 1993 至 2013 年擔任耶魯大學校長的理查德‧萊文 Richard Charles Levin 是享譽全球的教育家。Richard 曾說過：如果一個學生從耶魯大學畢業後，居然擁有了某種很專業的知識和技能，這是耶魯教育最大的失敗。因為他認為專業的知識和技能，是學生根據自己的意願，在大學畢業後才需要去學習和掌握的東西，那不是耶魯大學教育的任務。

Richard 在他的演講集《大學的工作》The Work of the University 中這樣提到，耶魯的任務是致力於領袖人物的培養。在 Richard 看來，本科教育的核心是通識，是培養學生批判性獨立思考的能力，並為終身學習打下基礎。通識教育 Liberal Education，是對心靈的自由滋養，其核心是自由的精神、公民的責任、遠大的志向。

當然，西方特別是美國教育培養出來的人，不管是聰明還是笨，不管是有能力還是無能力，每個人都覺得自己很厲害，每個人都覺得自己是個領袖凡事都會有一番高論，但每每是講就天下無敵，做就無能為力。

要成為在教育方面的移民贏家，中西結合、各取所長、融會貫通、揚長避短，才會無往而不利。

四．贏在熟稅制

正所謂有得必有失，移民到西方國家最大的代價是支付更重的稅。但有權利就有義務，在期待享受當地福利和護照好處的同時負擔應有的責任也是理所當然。不過新移民也應認識稅制，否則收到稅單才嚇一大跳已為時已晚。

傳統西方移民國的三大個人收入稅分為入息稅 Income Tax，資產增值稅 Capital Gain Tax 和遺產稅 Estate Tax 或 Inheritance Tax。入息稅包括薪金、公司分紅、租金津貼、投資收入和資本收益等等，資產增值稅是在出售投資性資產時，以出售價和成本價或市場公允價 Fair Market Value 的差額，合併在入息稅內計算。英美有遺產稅，但加拿大澳洲新西蘭等國沒有。

移民贏家指南

【各國個人稅收概覽】

	澳洲	加拿大	英國	美國	新加坡
入息稅	19%-45%	聯邦 15%-33% 省 4%-25.75%	20%-45%	聯邦 10%-37% + 州稅	2%-20%
醫療稅 / 國民 保健稅	2%	無	12%	1.45%	無
商品與 服務稅或 增值稅	10%	聯邦 5% 省 2%-12%	20%	各州不一 2.9%-7.25%	7%
房產稅/ 印花稅	各州不一 外國人 額外印花稅 7%	0.5%-2% 計劃徵收 外國人 額外印花稅	印花稅 0%-15% 外國人 額外印花稅 2%	各州不一	印花稅 1%-3% 第二個物 業或外國 人須付額 外印花稅
資產 增值稅	計在入息稅	計在入息稅	10%-28%	計在 入息稅	無
社會保障	無	無	無	6.20%	無
遺產稅	無	無	40%	18%-40%	無

1. 稅務居民

有很多人都誤解以為一旦移民後，在香港的收入都要付當地稅，或一離開了就免付稅。其實移民的身份與是否墮入當地稅網不一定掛鉤，以下首先來弄清稅務居民的概念。

除了美國外，是否持有該國國籍、永久居民身份、有無稅號因素，都不能對稅務居民身份的判定起到決定性作用。即使沒有以上的身份，也有機會被判定為稅務居民。相反有上述身份也不一定是稅務居民。

以澳洲為例，澳洲稅務局 ATO 會通過 4 項測試來判斷一個人是否屬於澳洲稅務居民，分別為常住測試（The Resides Test）、居所測試（The Domicile Test）、183天測試（The 183-day Test）和聯邦公積金測試（The Commonwealth Superannuation Fund Test）。常住測試作為主要測試（Primary Test），不單看停留在澳洲的時間，而是從全方位看「常住」的意圖推定，包含行為上的連續性、例行性或習慣，例如家庭、工作關係、在澳洲逗留的目的、頻次、與當地的社會聯繫程度、個人財產所在地等。

如果不符合常住測試，則視乎是否符合另外 3 項法定測試。例如每個稅務年度在澳洲居住超過 183 天，則屬稅務居民。只要判定合乎四項中的一項，便會被界定為澳洲稅務居民。澳洲的稅務年為每年的 7 月 1 日至翌年 6 月 30 日。

英國也有在稅務年度內居住超過 183 天界定為稅務居民的條例。若該稅務年未住滿 183 日但超過 60 日則以與英國的聯繫等級再劃分你是否屬稅務居民。英國的稅務年比較特別，是由每年的 4 月 6 日到次年的 4 月 5 日。

美國是為數極少的國家以國籍（包括永久居民）定義稅務居民，祇要你是持美國護照或綠卡無論你在哪裡居住你均被界定為美國的稅務居民。

【稅務居民之徵稅範圍】

全球對稅務居民的徵稅大致分以下幾種：

- 免個人入息稅，包括阿聯酋和摩納哥、百慕大、巴哈馬、安道爾等小國

- 只以當地境內收入部分徵稅，包括香港、澳門、新加坡、馬來西亞和其他部分非洲、中美洲和太平洋島國

- 以全球收入徵稅，全球有九成國家屬於此類

大部分熱門移民國家包括美國、英國、澳洲，加拿大、歐盟成員國等均屬於上述第三種，即如被界定為稅務居民則其全球收入包括薪金收入、退休金、租金、資本增值等均要徵當地稅，非稅務居民只需就當地收入的部分付稅。

正如上述所講美國以身份界定稅務居民，所以美國人包括永久居民無論在全球哪裡居住其全球收入均須付美國稅。

這個全球徵稅的稅例相信對很多香港人來説都算是陌生。所以在移民前你就應當做好相關的稅務安排，以免有不必要和預算外的稅務支出。舉例，假如你正式移民英國的日子是今年 8 月，之後就在英國定居。由於英國稅務年度由 4 月 6 日開始，那麼你在這個稅務年在英國居住會超過 183 日，你便成為該年度之稅務居民，你在本稅務年由 4 月 6 日開始的全球收入須付英國稅。也就是説，包括你實際移民前的幾個月在香港的收入也會納入稅網。

2. 銷售稅或增值稅

除香港以外，大部分國家都有銷售稅／消費稅 Sales Tax 或商品或服務稅 Goods and Services Tax（GST），有的國家以增值稅 Value Added Tax（VAT）取代 GST。銷售稅在最終銷售予消費者的環節上才徵稅，增值稅則以每一個商業環節的增值部分來徵稅。

以加拿大為例，在加拿大購買商品或服務，都須要繳納三種銷售稅。第一種是聯邦 GST，其標準稅率為 5%。第二種是省銷售稅（Provincial Sales Tax）。省份的稅率並非劃一，由 0% 至 12% 不等，艾伯塔省和另外三個北部地區免收省銷售稅。第三種協調銷售稅（Harmonized Sales Tax）是結合以上兩種。此稅現時應用於安大略省和另外三個大西洋省份。銷售稅於付款時額外計算，並不包含在零售價內。

英國 VAT 稅率是根據不同的性質劃分：
- 標準稅率：20%（大多數的貨物及服務）
- 低稅率：5%（家庭用電或者汽油等）
- 無稅率：0%（未包裝食物、慈善機構所售賣的捐贈品、郵票、地產交易）

3. 遺產稅

英美歐盟均有遺產稅。日本遺產稅最高，達 55%。英國會向所有逾 £325,000 物業徵收遺產稅，稅項金額為資產總值 40%，如果資產受益人為去世者的配偶或合法伴侶，則不用繳付遺產稅。但是如果遺囑內指定了配偶或合法伴侶以外的人士為收益人，則要按物業價值來交稅。美國的遺產稅 Estate Tax 是以遺產總額扣減該年度之終生免稅額（2020 年為 USD11,580,000）及其他扣除項目後之餘額為稅基，然後依以下稅率徵稅：

遺產總額區間（USD）	稅率	遺產總額區間（USD）	稅率
0-10,000	18%	100,001-150,000	30%
10,001-20,000	20%	150,001-250,000	32%
20,001-40,000	22%	250,001-500,000	34%
40,001-60,000	24%	500,001-750,000	37%
60,001-80,000	26%	750,001-1,000,000	39%
80,001-100,000	28%	1,000,001 以上	40%

澳洲、加拿大、新西蘭等均沒有遺產稅。但例如澳洲會視乎贈予人、受贈人的稅務居民身份、是澳洲還是非澳洲資產，在繼承時會以不同的資產增值稅方式徵收。例如，贈予人和受贈人均為澳洲稅務居民，不論是澳洲還是海外資產，在繼承時均無需繳稅，但在相關資產出售時，則要以資產成本價計算相應稅款（自住居所除外）。在上述情況，假如受贈人變為非澳洲稅務居民，則在贈予人過身時，所有海外資產便要以成本價計算增值，並需即時繳交相應稅款。

4. 資產增值稅

資產增值稅或稱資本增值稅 Capital Gain Tax（CGT）是向你包括物業、金融投資等資產獲利部分徵稅。

例如只要你成為英國的稅務居民，便需要就英國本土和海外的資產升值而繳付英國的資產增值稅。在計算資產增值稅時，會以賣出價減去買入價來計算升幅，但可以扣除相關的成本開支。例如賣樓獲利，是按賣樓收入扣減該年度的免稅額 £ 12,300 後，再可扣減物業買入成本價，和所有與該物業有關的支出例如經紀佣金、律師費、估價費、宣傳費，以及購入單位時的雜費支出，包括翻新單位的費用等，按利潤徵收 18% 及 28%。那怕你是 20 年前買入的資產，也是按買入價計算獲利。如果你的資產升值很多倍，稅額會相當可觀。所以移民前特別是成為稅務居民前，必須要計劃好。

相對於英國，澳洲的稅制對移民人士相對公平些。不同於英國以買入價為 CGT 計算起點，澳洲是以所持有的非澳洲資產在成為澳洲稅務居民當日的市場公允價重新估值，在出售資產時減去這個估值價及其他成本扣減項目的盈利部分才徵收 CGT。即是成為稅務居民前的資產升幅，不會計算在應課稅的金額內。所以計劃移民的朋友，要保留賬戶資產紀錄及準備第三方估值報告，才能有效享受相應的稅務優惠。

5. 各地稅賦比較

香港和新加坡屬於低稅及簡單稅制地區，大部分西方國家均為高稅、稅制複雜及報稅手續繁複。有意移民的朋友應事先了解清楚及做好資產及收入安排。以下列表為香港和其他地區的個人入息稅累進稅率清單作參考。

2020/2021 稅務年度部分國家與地區個人入息稅稅率：

香港		澳洲		加拿大		英國	
評稅收入（港元）	稅率（%）	評稅收入（澳元）	稅率（%）	評稅收入（加元）	稅率（%）	評稅收入（英鎊）	稅率（%）
0-50,000	2	0-18,200	0	0-49,020	15	0-12,570	0
50,001-100,000	6	18,201-45,000	19	49,021-98,040	20.5	12,571-50,270	20
100,001-150,000	10	45,001-120,000	32.5	98,041-151,978	26	50,001-150,000	40
150,001-200,000	14	120,001-180,000	37	151,979-216,511	29	>150,000	45
>200,000	17	>180,001	45	>216,512	33	-	
-		-				-	
-		-				-	
-		-				-	
-		-				-	
-		-		省徵收個人稅由 4% 到 21% 不等		-	-

美國		新加坡		台灣	
評稅收入 （美元）	稅率 (%)	評稅收入 （新元）	稅率 (%)	評稅收入 （新台幣）	稅率 (%)
0-9,950	10	0-20,000	0	0-540,000	5
9,951-40,525	12	20,001-30,000	2	540,001-1,210,000	12
40,526-86,375	22	30,001-40,000	3.5	1,210,001-2,420,000	20
85,526-164,925	24	40,001-80,000	7	2,420,001-4,530,000	30
164,926-209,425	32	80,001-120,000	11.5	>4,530,000	40
209,426-523,600	35	120,001-160,000	15	-	
>523,600	37	160,001-200,000	18	-	
-		200,001-240,000	19	-	
-		240,001-280,000	19.5	-	
-		280,001-320,000	20	-	
州徵收個人稅 由 0% 到 13.3% 不等		>320,000	22	-	

單看稅率表其實也很難比較，因為各累進級別不同，各地的扣除額與項目也不同。以下分別以單身人士年薪港幣 30 萬和 100 萬為例子，計算各地扣稅後可以實際支配的收入便更有可比性。不過這個純粹以公佈的稅率計算，未包括各種扣稅項目所以實際交納的稅應比以下計算出來的為低。例如在香港如果加上個人免稅額及其他額外扣除項目年薪 30 萬可能不用交稅。

單身人士年薪 30 萬和 100 萬港幣在各國之稅後收入比較：
(所有稅收全部折算成港幣計算)

本書獨家

	香港	澳洲	加拿大 [1]	英國	美國 [2]	新加坡	台灣
年薪 30 萬港幣	286,000	238,950	239,081	267,052	256,769	293,758	274,529
實際稅率	5%	20%	20%	11%	14%	2%	8%
年薪 100 萬港幣	867,000	719,598	687,981	673,498	734,446	911,835	804,902
實際稅率	13%	28%	31%	33%	27%	9%	20%

備註：1 包括省稅，以居住在安省計算　　2 包括州稅，以居住在加州計算

以上例子引證香港與新加坡稅收低，新加坡中低收入組群比香港交稅更少。香港的標準稅率為 15%，新加坡的最高稅率為 22%，即富人及高收入組群香港交稅較新加坡少。但不要忽略其他因素：香港奉行高地價政策香港政府四分一收入來自賣地，也是香港樓價高居不下的主因之一。所以香港付出全球最高的住屋開支，其實也是一種間接稅。

另外，新加坡有香港沒有的消費稅 GST，因此新加坡的稅基比香港闊。台灣屬中等稅收水平，但最高稅率達 40%（中國內地最高稅率為 45%）。西方國家之中，稍低收入階層例如英、美等地方人士之稅收低於澳洲、加拿大和大部分歐洲國家，高收入階層在美國部分州份交稅比其他西方國家為低。

6. 如何做稅務贏家？

有讀者可能會問，那移民前要否先出售資產以減輕日後要出售資產的資產增值稅 CGT ？

（1）懂得移民前的資產處理

由於不同國家對 CGT 計算方式稍有不同，所以先要確定移民目的地才可回答出售資產的問題。如果是去英國的話，以資產買入價為基礎，如有非自住物業而未來不打算保留，可以在移民前直接沽出，那就不用受 CGT 的影響。至於金融資產方面，比如股票或基金等，如果組合內有大幅升值的股票或基金，可以優先沽出。假設想繼續持有，可以先行沽出，及後再買入，損失的可能只是手續費，但可助你在移民前獲得一個新的成本價。日後即使資產再升值，因為有了更高的底價自然可節省到部分的 CGT。

如果目的地是澳洲，則你無需急於沽出資產。因為澳洲 CGT 計算為以你成為稅務居民的日子資產在當時的市場價為成本價，若你不想變賣資產，物業可找測量師估價，金融資產則保留當時的市價證明文件便可。

（2）懂得做稅務規劃

成為西方國家的稅務居民後香港的收入也要徵稅，所以也要計劃好你何時動身移民因為有機會影響到你在該稅務年度的計稅收入。例如有的公司上年度的花紅會延後幾個月才發放，若是在移民之後才收到香港的花紅，有機會計算入當年的報稅收入。如果有一定數量的資產，將資產轉移至一個家族信托公司也是一個可行的合法避稅方法。

不少國家雖然稅務較重，但稅收抵免項目亦很多。大家計算稅款時，不妨先進行資料蒐集，看看有沒有合適的抵免項目。

五. 贏在下半場

移民到另一個人生舞台，有得有失，有甜有苦。無論你上半場戰績如何，下半場既可守也可攻。但首先你要明白，轉了場遊戲規則已經改變了，你必須適應新的玩法。

1. 海闊天空

有之前移民回流返來香港的人，投訴話外國好悶而香港生活多姿多彩。但問到香港多姿多彩在哪裡大部分說的都不外是行街睇戲唱 K 等等，其實這些外國一樣有，只是沒有香港方便不是一落樓就瞬間可達。但相反外國可以很平民化的活動香港不一定有或是很貴族，例如打高爾夫、滑雪、騎馬、買遊艇出海等。所以移民外國，你必須調整心態，放棄凡事與香港比較，放棄港式思維，盡情享受外國的海闊天空，欣賞當地的一事一物，你就會有贏家的心態。

人生的上半場，你可能在香港寒窗苦讀、日理萬機、廢寢忘餐、財源廣進但家居斗室，移民到另一片天空展開你人生下半場，你應該毋忘為何移民的初衷，自己去海闊天空一番。「原諒我這一生不羈放縱愛自由，也會怕有一天會跌倒……」[1]，但切勿放棄理想。在另一半場，必有跌倒的時候，必有反問為何要移民的時候，必有只有殘留的軀殼的時候，只要繼續毋忘初心，繼續海闊天空的心態，你方才可以仍然自由自我，永遠高唱我歌走遍千里。

歌詞出處：① 《海闊天空》

2. 錢會繼續嚟

贏在下半場，除了調整心態，還要調整策略，Work Smart 而非 Work Hard。可能你在人生的上半場已經累積了一定的財富，下半場你應多思考如何創造被動收入，如何錢生錢。

【創造被動式收入】

坊間的被動式收入有好多種，只要你懂得投資，瞓著覺都可以搵錢。本書不是講投資，要學投資可以參考其他有關資訊及工具書。但這裡重點講解因移民而產生新的賺錢機會。

（1）買樓收租

筆者在愛爾蘭做生意的時候，發覺那裡買樓收租回報率要比香港高。特別是都柏林和科克兩大城市，市中心有多所大學但學生宿舍供不應求。愛爾蘭就業機會多也吸引大量歐洲人到當地工作，所以租務市場一房難求。當地樓價又不高因此租金回報變得相當吸引，當然收入要報稅加上其他雜費淨回報會降低但仍較香港為高。同樣的機會你可稍為留意其他樓價不屬太高但有剛性需求的地區，例如英國的曼城、加拿大的渥太華、澳洲的坎培拉等。

（2） 把家裡變成 Air B&B

還有只有外國可以，香港獨缺的生意機會是把家裡變成 Air B&B。將一兩間睡房出租，甚至買入一批單位變身為 Air B&B 做短租屋，你也可以安坐在家無需擔心找不到工作而賺取額外收入。

（3） 翻新二手樓

更有地產投資高手教路，以低價買入殘舊二手樓再重新翻新，托高樓價後再申請銀行按揭以零成本再購入第二間。有精明投資者利用此策略，以極低成本擁有一籃子樓盤。以前香港不少投資者也用此法炒港樓，隨著樓市辣招的推出此法在香港已變得無利可圖，但在不少西方國家這個還是可行之計。

3. 一人有一個夢想

我們移民外國，就是追尋我們的夢想。一追再追，已經不是追蹤一些生活最基本需要。人總要有夢想才有動力，你能否贏在下半場，也在於你有沒有一個夢想，和你去追蹤這個夢想的動力。筆者的夢想，就是在移民的同時，去發展一個新的科創企業，希望日後有朝一日能成功上市。Classy5Home 就是我們開發的移民、搵樓、生意推廣一站式平台，並將引入區塊鏈 Blockchain，人工智能 AI 等創新科技解決地產行業的一些基本問題。如果你也有興趣和我們一起追夢，成為我們的投資者或合作伙伴，歡迎電郵 ken@wealthskey.com 與筆者直接聯繫。

4. 同創光輝歲月

香港人在外，最重要是要團結一致互相幫忙。哪怕今天只有殘留的軀殼，我們仍然風雨中抱緊自由，去迎接光輝歲月。無論是搵樓、搵工、搵校、搵錢，一個人的力量畢竟有限，集腋成裘、集思廣益、萬眾一心方可水到渠成。

既然大家都是移民同路人，既然大家都追尋同一個夢想，既然大家都希望擁有精彩的人生，筆者呼籲移民的朋友，無論是香港人、內地人、台灣人、澳門人、或是海外華人，大家同舟共濟、共創輝煌。

第十二章
結語

Wealthskey 移民留學

提供全方位移民及
留學服務

或許我們是燈光裏飛馳失意的孩子，看著這個光輝都市心裡猜疑，恐怕這個璀璨都市光輝到此[1]。或許我們都是追夢者，一人有一個夢想。或許我們是天才與白痴，不管你痴定我痴[2]，總會相信錢係會繼續嚟。

不少讀者可能都是聽廣東歌長大，可能都不曾在外國生活過。但無論香港有否發生變化，有一段外國移民生活的經歷能令你的人生更燦爛。人生在世一生何求？只為搵錢？只為窮一生之精力與積蓄去拚命供樓？供一間全球最貴的納米樓？只為做個星斗市民而終日營營役役為求三餐溫飽嗎？

上帝造物很公平，無論你是有錢人或窮人，命都只是得一條。何不跳出你的舒適圈，感受一下世界的不同、豐富一下你的人生，説不定你會有意想不到的收穫呢？

上帝造物也很公平，這個世界沒有完美的地方。外國的月亮也不特別圓。但是無論好與不好，一個人生的經歷是永不可磨滅，一個世界的體驗是永遠無法用金錢去衡量的。移民的目的地，也沒有好與不好之分，只有是否適合你的區別。

未移民的朋友，當你他日登上夜機，置身於無人機艙，再重溫本書，希望有幸當初與本書結緣能助你早著先機立下移民的決擇。

已經移民的朋友，希望本書可令你有一點啟迪如何成為一個移民贏家，如何在搵樓、搵工、搵校、搵錢方面少走彎路，贏在起點也贏在終點。

共你一起做移民贏家，同唱千千闕歌。

歌詞出處：①《今夜星光燦爛》　②《天才與白痴》

《移民贏家指南》

作者：Ken Poon
出版經理：馮家偉
執行編輯：Issac. ML
美術設計：Windy
出版：經為文化出版有限公司
地址：觀塘開源道 55 號開聯工業中心 A 座 8 樓 25 室
電話：852-5116-9640
傳真：852-3020-9564
電子郵件：iglobe.book@gmail.com
網站：www.iglobe.hk

港澳發行：香港聯合書刊物流有限公司
電話：852-2150-2100

台灣地區發行：大風文創股份有限公司
電話：886-2-2218-0701

國際書號：978-988-75375-0-2
初版日期：2021 年 7 月
定價：港幣 138 元 台幣 499 元

iGLOBE PUBLISHING LTD.
Rm25, 8/F, Blk A, Hoi Luen Industrial Ctr., 55 Hoi Yuen Rd., Kwun Tong, KLN

免責聲明
本書資訊更新至 2021 年 6 月 1 日止。
本書之作者與出版社已盡最大努力，確保本書所有之內容無誤。在根據本書的內容採取或避免採取任何行動之前，您必須獲得專業人士或專家的建議。
惟若本書內容之錯誤而導致任何損失，本書作者與出版社將不負上任何責任。